현대 마르크스주의 경제학

ÉCONOMIE MARXISTE DU CAPITALISME

by Gérard Duménil et Dominique Lévy

ⓒ 2003 by La Découverte
All rights reserved
Korean Translation Copyright ⓒ 2009 by Greenbee Publishing Company
Korean translation edition published by arrangement with La Découverte
through Shinwon Agency.

현대 마르크스주의 경제학

초판 1쇄 발행 _ 2009년 5월 20일
초판 2쇄 발행 _ 2017년 12월 30일

지은이 · 제라르 뒤메닐, 도미니크 레비
옮긴이 · 김덕민

펴낸이 · 유재건 | 펴낸곳 · (주)그린비출판사 | 신고번호 · 제2017-000094호
주소 · 서울시 마포구 와우산로 180, 4층 | 전화 · 702-2717 | 팩스 · 703-0272

ISBN 978-89-7682-725-8 04300
       978-89-7682-717-3 (세트)
이 도서의 국립중앙도서관 출판시 도서목록(CIP)은 e-CIP홈페이지(http://www.nl.go.kr/ecip)에서
이용하실 수 있습니다.(CIP제어번호: CIP2009001372)

현대 마르크스주의 경제학

Économie marxiste du capitalisme

제라르 뒤메닐, 도미니크 레비 지음 | 김덕민 옮김

g**B**
그린비

| 일러두기 |

1 이 책은 Gérard Duménil et Dominique Lévy, *Économie marxiste du capitalisme*(La Découverte, 2003)을 완역한 것이다.

2 본문 중에 옮긴이가 첨가한 내용은 대괄호([ ])를 사용하여 구분하였다.

3 본문 중의 문헌 출처는 '지은이, 출간년도, 페이지' 순으로 간략히 정리했으며, 본문 뒤 참고 문헌에 자세한 서지사항을 기록해 두었다.

4 본문에 인용된 문헌 중 마르크스의 『자본』(*Das Kapital*)은 지은이가 참조한 판본 외에 한국어판 쪽수를 함께 기록했으며, I권은 강신준 옮김, 『자본』(길, 2008)을, II권과 III권은 김수행 옮김, 『자본론』(비봉출판사, 2004)을 판본으로 삼았다.

5 단행본과 신문·잡지 등의 정기간행물에는 겹낫표(『 』)를, 단편·논문·기사 등에는 낫표(「 」)를 사용했다.

6 외국 인명이나 지명, 작품명은 2002년에 〈국립국어원〉에서 펴낸 '외래어 표기법'을 따라 표기 했다.

한국어판 서문 _ 위기 속의 자본주의

또다시 세계 자본주의는 위기를 겪고 있다. 40년 동안 지속된 신자유주의는 마르크스의 이론적 작업을 원용하는 경제학자들의 연구를 촉진하였다. 위기는 자본주의적 사회들과 그 시기 구분의 변천에 대한 분석을 쇄신하기를 긴급히 요구하고 있다. 말할 필요도 없이 마르크스의 저작 속에서 그 최초의 계기를 발견할 수 있다.

신자유주의는 1980년대 이후 부과된 자본주의의 최근 국면이다. 그 특징은 계급적 폭력, 자본소유자들에게 배가된 권력의 거대한 폭력이다. 그 고유의 목표에 따라서 판단하면, 이 수십 년 동안 새로운 사회적 질서의 성과가 목격되고 있다. 그렇다. 상위계급의 수입과 권력이 지난 사반세기 동안 막대하게 증대한 것이다. 하지만 갑자기 (일부 예상되었던 일이지만) 2000년대 말의 위기는 그러한 평가를 뒤집어 놓았다. 금융화되고 세계화된 신자유주의의 궤도는 돌이켜 보니 지탱될 수 없는 것이었다.

마르크스적 분석틀의 타당성이 다시 부각되고 있다. 이 분석틀은 새로운 선명성을 가지고 현재의 생산양식과 기능양식의 내적 법칙의 본질에 대한 문제를 제기한다. 이것이 이 책의 첫번째 목표이다. 경쟁, 수입의 형성 및 기술변화에 대한 이론, 이윤율의 중요성, 금융 메커니즘에 대한 분석과 관련된 광범위한 전체 이론적 도구들을 재영유하고자 하는 것이다.

이 책의 두번째 목적은 위기로부터 제기된 포스트신자유주의와 포스트자본주의의 문제에 대해 명확하게 답변하는 데 있다. '어떤 새로운 단계인가', '근본적인 변화의 기회는 어떤 것인가'와 같은 질문들을 역사적 관점 밖에서는 제기할 수 없을 것이다. 마르크스의 이론은 이러한 구상을 할 때, 읽고 넘어가지 않을 수 없는 목록들을 제공한다(물론 그 이론의 개조는 필수적이다). 생산력과 생산관계의 거대한 변증법적 역사와 복잡화된 계급구조, 그리고 계급권력과 타협이 사회적으로 구성되는 국가에 대한 이론이 그것이다.

위기들이 계속해서 일어났지만 항상 똑같은 것은 아니다. 1970년대의 구조적 위기는 60년대 중반에 시작된 이윤율 하락 운동 탓이었다. 2000년대 말에 시작한 위기는 수익성의 위기가 아니다. 이 위기는 1930년대의 위기와 더 많이 닮아 있다. 특히 1929년과 33년 사이에 미국에서 전개되었던 대공황과 유사하게 거대한 규모의 은행 위기를 겪고 있다. 은행시스템이 파산하면서 신용 수단들이 정지되었다. 미국과 세계가 위기로부터 벗어나는 데에는 많은 시간이 걸렸으며, 의심할 바 없이 강력한 전시경제(l'économie de guerre)가 필요하였다. 게다가 라틴아메리카와 아시아, 특히 한국의 1990년대 또는 2000년대 초반의 위기와는 또 다른 유형이다. 라틴아메리카나 아시아 위기의 특징은 IMF의 안정화 프로그램에 의해 주변부 국가들이 신자유주의 경제로 진입한 것이었다. 2000년대의 위기는 중심부 국가, 우선 '중심부의 중심'인 미국의 위기이다. 하지만 그것은 전 지구로 전파되었고, 따라서 1990년대에 신자유주의적 위기를 이미 겪었던 국가들에게도 영향을 주었다. 이러한 차이에도 불구하고, 2008년 9월 이후 세계적 위기는 지난 10년간 발생했던 주변부의 위기를 연상시키는 형태를 취하고 있다. 특히 거기에서 우리는 심지어 더욱 증대된 규모의 자본의 국제적 운동의 범죄와 같은 도박을 발견할 수 있을 것이다.

1930년대 위기 동안에 라틴아메리카와 같은 어떤 나라들은 자립적 발전 모델을 시작하기 위해 주요 자본주의 국가들의 쇠퇴, 즉 세계 무역의 혼란과 보호주의의 복귀를 이용할 수 있다는 것을 알았다. 그들은 제국주의적 분업 내의 전통적 통합으로부터 해방되었다. 그 점에서 역사가 되풀이되고, 어떤 나라들은 국가적 또는 지역적 금융 및 무역 구상에 대한 새로운 자율성을 획득하는 식으로 신자유주의적 세계화에 고유한 새로운 국제적 분업으로부터 해방될 기회를 포착할 것이라 기대할 수 있다.

신자유주의와 그 위기(지금부터는 세계 자본주의의 위기인)는 마르크스주의자들에게 이론적 관점의 풍부함을 돋보이게 할 기회를 제공한다. 마르크스주의자들이 그 기회를 놓치지 말아야 한다는 것을 인식하기를 바라며, 이러한 새로운 흐름이 세계 경제의 혼란으로부터 틀림없이 발생할 투쟁들과의 해후로 이어지기를 바란다. 아직 많은 것들이 미래의 일이기 때문이다. 특히 경기후퇴의 심화와 일반화가 세계 노동자들에게 지울 고통의 대부분은 아직 일어나지도 않았다.

2008년 11월 25일, 파리에서
제라르 뒤메닐과 도미니크 레비

현대 마르크스주의 경제학

1장_마르크스주의적 분석틀

이 책은 현대 자본주의와 마르크스주의 경제학을 다룬다. 이러한 용어의 선택은 이미 분석의 축을 보여 준다. **시장경제**라는 용어가 사적인 경제행위자들 사이에서 벌어지는 이상화된 교환의 세계를 지칭하는 것인 반면, **자본주의**라는 용어는 자신의 손아귀로 생산수단을 집중시킨 소수와 임노동 조건 속에 있는(자신의 노동력을 팔아야만 살 수 있는) 대다수 사이의 대립을 강조한다. 또한 이 책에서 말하고 있는 **마르크스주의적** 경제학에는 경제가 물리법칙과 같은 자연법칙에 의해 통제되지는 않지만 협력관계 또는 종속관계를 형성하는 개인과 집단의 사회적 관계의 장(champ)을 표현한다는 일반적인 내용이 포함되어 있다.

자본주의가 과거로 회귀하지는 않지만, 1970년대와 80년대의 이행기에 국제적인 동시에 일국적인 차원에서 주장된 신자유주의는 다시금 자본주의의 본질을 강조하려고 한다. 그것은 자본주의적 관계의 새로운 형세를 정의하거나, 착취의 폭력과 소수 소유자계급의 권력을 명확하게 재확인하는 것이다.

마르크스의 분석틀은 우리에게 필수불가결하며 유일한 참조기준이라 할 수 있다. 그것의 강점이자 주요한 난점 중의 하나는 마르크스주의적 분석틀의 영역과 방법이 다양하다는 것이다(Bidet and Kouvélakis, 2001; Labica and Bensussan, 1985; Howard and King, 1989, 1992). 특히 사실들에 대한 해석 속에서 이러한 도구들을 사용하는 것은 마르크스주의적 분석틀의 일관성과 이점을 나타내도록 해준다.

부족한 부분에 대해서는 주저 없이 논의되어야만 하는데, 대체로 이전에 쓰이던 것과는 다른 종류의 용어로의 대체 또는 어떤 현대적 도구, 즉 수학적 정식화의 사용과 같은 재정식화(reformulation)만이 문제시된다. 하지만 마르크스의 저작은 자본주의의 극복이라는 정치적 기획, 자본주의에서 발생하는 사회적 대립에 대한 특수한 내용, 그리고 그 대립에서 발생하는 폭력에 대한 분석과 분리될 수 없다. 『공산주의자 선언』의 전망(Marx and Engels, 1848 ─ 자본주의 세계는 주요한 대립 그리고 최종적으로 부르주아와 프롤레타리아의 대립 내의 고유한 모순의 결과로 붕괴한다)이 증명되지는 않았다. 자본주의는 자신의 소멸을 불가피하게 하는 폭력을 만들어 왔지만 마르크스의 기획 속에서 자본주의 이후에 뒤따라야만 하는 사회 그 자체를 나타내는 잠재성(virtualité)은 물론이고 어떤 급진적인 대안도 실현될 수가 없었다. 자본주의는 상당한 정도의 전화가 일어나면서 그 자체로 생존하게 되었다. 따라서 우리들은 이러한 자본주의의 전화로 인해 요구되는 근본주의와 수정주의가 미묘하게 결합된 조정의 필연성을 인식하여야만 한다.

1. 다중적 구성요소의 저작

1) 거대한 다양성을 갖는 저작

여기서 다루지 않는 고유하게 철학적인 저작들(Balibar, 2001) 이외에도, 마르크스의 저작들 중에서 『자본』과 같은 하나의 중대한 논설 (traité)과 계급투쟁의 불길 속에서 저술된 『루이 보나파르트의 브뤼메르 18일』 또는 『공산주의자 선언』과 같이 매우 전투적인 정치적 개입을 수행하고 있는 텍스트들 사이를 구별할 필요가 있다.

경제학과 같은 마르크스 이론의 어떤 측면들은 독자들이 따라가기에 벅찬, 매우 진보된 과정에 따른 정교화된 방법으로 이해되어 왔다. 그럼에도 불구하고 『자본』 내에서조차 개념들과 메커니즘들에 대한 분석은 광활한 역사에 대한 장으로 나아간다(자본주의 발전의 최초 단계인 매뉴팩처에서, 자본축적 또는 대공업으로의 이행에 대한 연구와 같은). 그러한 경우 각각, 경제 분석의 범위와 그 한계를 보여 줌과 동시에 그 관점을 확장한다. 게다가 이론의 전체적인 면이 결코 체계적 논술의 대상이 되지는 않는다. 서로 동떨어진 시기에 쓰여진 것으로 보이는 다소 부분적인 다양한 언표들이 나타난다.

2) 사회와 역사에 관한 이론

마르크스주의는 경제학 이외에도 사회와 사회의 역사에 대한 더 일반적인 이론을 지시하는 분석틀을 포함한다(사람들은 이를 사회학과 정치학에 관한 것이라 말해 왔다). 그것을 흔히 **역사유물론** 또는 **역사이론**이라 간략하게 부른다. 그것은 **생산양식**(전통적으로는 노예제, 봉건제, 자본주의······), **계급**(프롤레타리아, 자본가······), **국가**에 대한 주요 개념으로 나타나는 영역을 포함한다. 따라서 역사는 시간적인 중첩이 이행과 혼합을 만들어 내는 큰 시대들로 시기가 구분된다. 각 시기는 구체적인 형세 속에서 다소 절대적인 방식으로 행사되는 지배계급의 권력과 계급구조를 가지고 있다.

이러한 분석 심층에 있는 사회관은 〔그 내용이〕 아주 풍부하다. 자본가적 소유자와 프롤레타리아트 사이의 대립 이외에도 그 사회관은 지배계급 또는 중간계급의 여러 다른 분파들의 윤곽을 명확하게 구분한다. 그러한 계급들은 자신들의 재생산을 지속시키는 경제·이데올로기와 문화적 실천규정에 대한 고찰을 통해 이해된다. **정치**는 일상적 표현과 반복적 폭발이 문제가 되는 사회적 대결과 국가기관 내부에서의 권력 행사——그 용어 속에는 광범위한 내용이 포함되어 있다——에 통일성을 부여한다.

인간사회에 관한 마르크스적 역사 분석은 각 단계 내부와 단계들 사이의 이행이라는 강력한 동태적 성격을 지니고 있다. 그러한 분석은 경제적 기초에 입각한 것이지만, **역사적 원동력**으로서 계급투쟁을 특히 중요시한다. 역사는 단계를 경과하면서 과거가 미래의 조건이 되는 궤도를 따라서 그 윤곽이 드러난다.

> 인간은 자신의 역사를 만든다. 하지만 자신이 멋대로 선택한 환경에서 만드는 것이 아니라, 그와는 반대로 과거로부터 주어진 환경에서 만든다.(Marx, 1852 : p. 437)

3) 경제학

경제학으로 한정된 영역 내에서는 어떠한 〔사회·역사적〕 현상도 분석될 수 없다고 하더라도, 마르크스주의는 『자본』 대부분의 내용과 그것의 맥락을 구성하는 메커니즘과 개념의 총체인 경제학에 의거하고 있다.

마르크스는 가치법칙 또는 이윤율 저하법칙과 같은 **경제법칙**(loi économique) 개념을 광범위하게 사용한다(Duménil, 1978). 한편으로 상품의 가치는 그것의 생산에 필요한 사회적 노동시간과 같다고 단언하는 가치법칙에 관한 정의가 있기도 하지만, 다른 한편으로 이 변수들 간의 관계 또는 정형화된 사실의 표현으로 귀착하는 이윤율 저하 경향과 같은 유명한 법칙도 있다. 이러한 법칙들의 작용(action)은 일반적으로 **작동과정**——즉 행위들에게 부과되는 메커니즘들——이라고 하는 것의 영향 하에 있다. 예를 들어, 경쟁은 행위자들에게 다양한 부문의 이윤율이 균등화되는 경향을 발생시키는 어떤 행위를 강제한다.

• 경제이론의 주요 영역

다음과 같은 분석 속에서 경제학의 전체 영역을 볼 수 있다. ① 수입의 결정(임금, 이윤, 이자, 지대 등), ② 기술변화(특히 **경향**이라고 명명된 정형화된 사실), ③ 경쟁(가격, 수요·공급의 조정과정, 각 부문 간 이윤율 등), ④ 반복적 위기와 자본주의적 기능양식의 더 항구적이고, 심각한 혼란을 나타내는 **구조적 위기**, ⑤ 금융 및 화폐적 메커니즘들이 그것이다. 이러한 주제들 속에서 우리는 이러한 경제이론의 장에 주어져 있는 개별적 내용에 의해서만 마르크스주의적 분석의 구체성을 말할 수 있다.

　　상호관계에 대한 연구는 본질적으로 변수들의 상호의존성의 문제로 귀착하기 때문에——어떤 변수가 일정한 값을 벗어난다면 그 결과로 특정한 과정이 생기며, 또한 만약 그 어떤 변수가 증가한다면 다른 변수가 증가하거나 감소하는 등——매우 기술적(technique)이다. 『자본』에서 (끝없이 제시되는 수치예를 제외하고) [수학적] 정식화가 사용되지는 않지만, 이 분야는 당연히 모델화의 대상이 될 수 있다. 이러한 부분에서 이루어져야 될 과제가 많이 남아 있다.

　　이러한 변수들 사이의 상호관계의 주요 체계는 경제학 및 사회와 역사에 관한 더 일반적인 이론 사이의 분석상의 경계 속에 존재하는 빈 공간들을 잘 보여 준다. 그 예로『공산주의자 선언』의 독특한 논리 전개를 들 수 있다.『공산주의자 선언』에서 마르크스와 엥겔스는 더욱더 장기적이고 깊은 위기의 발생 위에서 자본주의 지양의 근거를 확립하였다. 그들은 이러한 위기가 대중투쟁을 촉진하고 자본주의를 파멸에 이르게 한 것이라 보았다. 나중에 마르크스는 이러한 테제를 근거로 점증하는 불안정성의 설명요소로서 이윤율 저하 경향 테제를 전개하였다. 역사가 이러한 파국적 전망을 정당화하지 못했다고 해서, 그 방법론적 중요성이 변화하는 것은 아니다. 그러한 역사 속에서 경제적 투쟁과 경향이 합류하고, 각각의 설명적 가치가 결합된다. 만약 각각의 이론들이 일정한 자율성을 가지고 있다면, 구체적 분석은 그것을 재결합시킨다. 그러한 구체적 분석은 이론들의 접합을 요구하며, 실제로 그것이 모든 사실 분석에 고유한 측면이다.

• 기본적 개념과 그 유효성

마르크스의 분석에서 더 경이로운 측면은 경제이론의 기본적 개념(상품, 가치, 화폐, 자본, 잉여가치, 이윤) 분석에 세심한 주의를 기울이고 있다는 점이다. 다른 학파들, 특히 현대적 학파들 중에는 이에 필적하는 것이 거의 없다.

이러한 개념들에 대한 분석은 어떤 사람들에게는 매혹적인 것이었지만, 다른 이들에게는 속절없는 거부의 대상이었다. 상품에 대한 연구에 할애된 〈보론 1〉은 하나의 예증을 제공한다. 이만큼의 주의를 가지고 상품을 정의하는 것이 경제학에서는 일반적인 방식이라고 볼 수 없으며 대체로 '판매를 위해 생산하는 재화'라고 말하는 것만으로도 충분하다.

이러한 엄격성은 **본질**(말하자면 정의, 성격)의 문제를 제기하는 것이기에 적절해 보인다. 사실상 『자본』의 주요 목표는 자본주의를 착취가 행해지는 계급사회의 일반적 범주(자본주의의 본질은 계급사회이다)에 속하는 것으로 증명하는 것이다. 마르크스는 가치론과 잉여가치론이라는 두 개의 이론을 통해 이 목표를 달성하였다. 이 두 개의 이론은 오로지 노동만이 가치를 창조하며, 자본가는 잉여가치에 상응하는 잉여노동의 일부분을 영유하여 그것을 자신의 수입으로 삼는다는 상품과 자본에 대한

〈보론 1〉 상품과 가치에 대한 분석

마르크스가 상품에 관해서 행한 연구는 그가 개념 분석에 부여하는 중요성을 전형적으로 드러낸다. 그는 다음과 같이 말한다. "상품은 두 가지 측면을 지닌 존재이다."

사람들은 우선 상품 속에서 **유용한 대상** 또는 **사용가치**인 어떤 생산물을 관찰할 수 있다. 그리고 그 상품은 시장에서 판매될 운명이다. 그러한 규정들 각각이 중요하다. ① 생산물은 인간노동의 결과를 의미한다. ② 유용성은 그 생산물이 욕망의 대상이(좋고, 나쁘고, 하찮은 것 등등) 된다는 사실에 기초한다. ③ 판매된다는 것은 그것이 개인적 필요를 위해 생산되는 것이 아님을 의미한다. ④ '시장에서' 라는 말은 판매가 반복적 성격을 갖고 있음을 나타낸다.

게다가 상품이 판매를 위해서 시장(가설적인 전前자본주의적 상품경제)에 나타나게 될 때, 판매자는 가격을 제시하면서 상품이 그것을 낳는 노동량의 결과로서 승인되기를 요구한다. 만약 그러한 노동량이 유사한 상품에 일반적으로 요구되는 노동 이상으로 필요하다면 [사회적으로] 인정받지 못할 것이다. 그 상품이 정상적인 수준 이하의 노동을 필요로 한다고 해서 구매자는 그것을 이유로 더 낮은 가격에서 그 상품을 획득할 수는 없다. 거기에서 **사회적 필요노동**이라는 개념이 나온다(**사회적**이란 사회 내에서 평균적임을 의미한다). 상품은 사회적 노동량의 일부를 시장에서 나타내는 **가치** 또는 **교환가치**의 담지자이다. 그것이 마르크스가 거의 사용하지는 않았지만 때때로 **가치법칙**이라고 부른 것이다. 그것을 **노동가치론**이라고도 한다.

우리는 그 서술 방법에 대한 이해 없이 『자본』을 읽을 수는 없다. 그것은 마르크스가 끊임없이 이러한 미세한 의미를 사용하고 있기 때문이다. 그는 때때로 어떤 일정한 상태와 시대에는 '생산물이 상품이 된다' 라고 쓴다. 이것은 자신이 재화가 점점 더 빈번하게 시장에 출현할 것을 목적으로 생산되는 경제에 대해 묘사할 것임을 의미한다. 우리는 또한 다음과 같은 표현도 볼 수 있다. '오직 자본주의만이 생산물을 상품으로 전화시킨다.' 그것은 자본주의가 일반화되지 못한 경제에서는 생산의 대부분이 생산자(또는 그의 가족)의 욕망 충족을 목표로 하는 것이며, 오직 자본주의만이 시장을 위한 생산을 일반화한다는 것을 의미한다. 결국 상품이 아닌 관계나 사물, 즉 (인간노동의 생산물이 아닌) 토지나 살 수 있는 명예와 같은 또 다른 현실적인 문제가 다루어질 수 있다.

개념에서 출발한다.

　마르크스가 자본주의에 계급사회로서의 성격을 부여했고, 그것이 확정적인 것으로서 고려될 수 있다면, 오늘날에도 유사한 문제가 다시금 논의의 대상이 될 수 있을 것이다. 예를 들어 어떤 사람들은 소련 경제가 본질적으로 **상품**경제였는지 아닌지에 대해 자문하거나, 미래의 **시장** 사회주의 분석에 제기되는 문제들에 대해 질문한다. 바로 그런 분석들 속에서 기본적 개념에 대한 세심한 이해가 필연적임을 느끼게 된다.

● 이 이론은 어떤 역할을 하지 않는가?

마르크스의 분석은 견고한 일관성을 가지고 있지만, 앞에서 논의한 가치론의 본질적인 기능과 별개로 가치론으로부터 이론 구성 전체를 도출하려는 것을 목표로 흔히 남용되기도 한다. 경제이론의 일차적 개념은 경제 변수들 사이의 양적 상호관계에 대한 분석에는 **아무런** 기여도 하지 않는다. **잉여가치**에 대해서 말하자면, 거기에서 잉여노동이 방출되고 있음을 검출한다는 것 자체는 그 크기에 대해서도, 지배계급의 다양한 부분으로 서로 다른 형태 하에서 분배되는 것에 관해서도 아무것도 함의하는 것이 없다. 이윤율 저하 경향은 기술변화(혁신)와 임금 결정의 전체적인 동역학을 표현하는 것이다. 하지만 가치론의 방법과 관련되는 것은 아무것도 없다.

　마르크스는 종종 가치에 비례하는 가격의 우선성을 가정하였지만 그것은 자본의 실존을 추상하는 단순화를 위한 가정이다. 자본주의 내에서 **정상**(normal)〔가격〕이라고도 말할 수 있는, **생산가격**이라고 부르는 가격이 지배적이라면(일반적으로 가격은 그 〔생산가격〕 근처에서 존재한다), **가치의 생산가격으로의 전형**이라는 실패한(malheureuse) 표현이 제시하는 것과는 반대로 가격 결정은 결코 가치론으로부터 도출되는 것이 아니다(Duménil, 1980 ; Foley, 1986).

2. 마르크스주의와 다양한 '주의들'

1) 마르크스주의는 제도주의인가?

만약 제도의 중요성이 문제라면, 이 질문에 대한 대답은 명백히 긍정적이다. 역사와 사회에 대한 이론의 관점에서만큼 경제학의 측면에서도, 제도는 앞서 서술한 분석의 중심에 위치하고 있다. 이러한 사례는 무수히 들 수 있다. 시장은 (법 또는 관습의 질서로) 체계화된 규칙과 중심적 제도들을 전제하고, 생산수단(자본)의 소유는 주식회사와 같은 제도들 속에서 표현된다. 계급들은 대체로 조합, 정당들을 통해 상호작용하고, 국가는 다수의 구성요소를 갖는 하나의 제도를 구성한다. 경제정책은 관계 부처 및 중앙은행 등에 의해 이루어지는 행위이다.

 이것을 확인하기 위해서는 다음과 같은 것을 추가하여야 한다. 제도의 역할을 인정한다고 해서 전통적 경제 분석의 틀에서 벗어나는 것은 아니다. 〔분석〕도구의 정교화와 그것의 사용을 혼동하면서, 어떤 사람들은 전통적 경제 분석틀이 경제주의(économisme)를 재건한다고 생각한다. 예를 들어 균형모델을 쓴다 해도, 경제가 항상 균형 주위에 있다고 주장하지 않거나, 이러한 모델을 표현하는 조정(régulateur)과정이 그것을 둘러싼 제도들과 독립적으로 우위를 확보하지 않게 할 필요가 있다. 현실에 대한 경제적이며 제도적인 이러한 이해 방식은 서로 양립하기는커녕 설명적 가치를 결합한다. 또 지나가는 김에 강조해 두면, 실제로 주류경제학은 모델화하는 관례에도 불구하고, 종종 사람들이 생각하는 것보다 훨씬 더 제도주의적이다.

모델과 제도들 사이의 관계를 이해하는 것은 어렵다. 제도적 변화는 모델의 속성을 수정하거나 완전히 무효의 것으로 할 수 있으며, 또 다른 수학적 정식화로 문제를 정확히 하도록 요구한다. 예를 들어 기업 규모의 성장은 과점 또는 독점 상황이 생겨날 때까지 경쟁 규칙을 어느 정도 수정하는 것인가?

만약 '주의' 임을 부정하기는커녕 〔당연히〕 주장해야만 한다면, **마르크스주의는 경제주의이자 제도주의이다.** 경제가 겪는 과정에 대한 세력관계 및 의존관계가 갖는 역할에 의해 이 목록에는 **진화주의** 또한 동일하게 추가되어야만 한다. 〔하지만〕 마르크스주의는 조절이론이 아니다(보론 2).

2) 마르크스주의와 장기파동

우리가 참조기준으로 삼고 있는 〔마르크스주의적〕 틀과 장기파동론 사이에는 특히 중요한 관계가 있다. 이 이론들은 에르네스트 만델(Ernest Mandel, 1997, 1999) 또는 이매뉴얼 월러스틴(Immanuel Wallerstein, 1992)의 이론과 같은 다양한 마르크스주의적 해석으로 이어졌다. 장기파동에 대한 마르크스주의적 독해는 경향들과 반경향들 및 전체적 투쟁에 그 〔이론적〕 위치를 자리매김함으로써 이러한 역사 해석에 결부된 기능주의를 모면하게 해주는 이점이 있다.

계속적인 〔역사적〕 시기들에 대한 개념은 그것을 논의하기 어려운 만큼 자유로운 해석의 여지가 많다. 우리의 해석은 과도한 일반화에 관해서는 약간 유보적이다. 서로 다른 시기를 구분하는 모든 일반적 위기들은 동일한 동역학을 표현하는 것은 아니다. 따라서 반복적인 위기들

〈보론 2〉 마르크스주의는 조절이론이 아니다

조절이론(régulationnisme)이라는 학파적 흐름은 그 학파가 출현할 당시 마르크스주의로부터 많은 것을 빌려 왔다(Aglietta, 1976; Lipietz, 1979). 마르크스주의와 조절이론 내에서 역사는 각 단계를 갖고 있는 자본주의의 기능양식을 제약하는 제도적 틀의 연속으로서 간주된다(Boyer, 1986). 이러한 일반성(généralité)의 수준에서는 불일치가 존재하기 어렵다. 하지만 마르크스주의는 조절이론이 아니다.

—마르크스주의에서 고유한 제도들에 대한 일반적 형세, 특히 생산관계와 생산력의 관계, 생산관계들에서의 계급관계, 그리고 이러한 영역 내——상부구조와 하부구조 사이의 관계와 같은 구분에 대한 설명——의 국가에 대한 비전 사이에 첫번째 차이가 존재한다. 거기에 이러한 요소들의 역사적 동학에 대한 구체적인 이해가 조응한다. 아래에서 볼 것처럼 이러한 차이는 계급들과 권력 같은 표현 그리고 특히 기술과 분배 경향의 접합 내에서 마르크스주의로 해석될 수 있는 케인스주의의 시대와 신자유주의 시대 같은 기간들에 대한 개별적 성격 구분으로 이끌어진다.

—두번째 차이는 첫번째 차이점으로부터 나오는 것으로서 역사의 방향에 관한 것이다. 마르크스주의적 해석은 자본주의적 생산양식의 전화를, **진보와 퇴보를 동반해 점진적으로 수행되는 현대 자본주의의 역사적 과정의 성숙**으로 간주한다(제도들, 경제적 메커니즘 그리고 권력들의 수준들). 마르크스주의는 **현실 사회주의**(사회주의라고 불리는 나라들)의 실패에 직면하여 이러한 관점을 갱신하는 데 무능력하다는 것을 드러냈고, 이러한 관점을 배제하는 또 다른 길을 열게 되었다.

—조절이론은 대안적 경제학(미시경제학, 거시경제학과 기술변화이론)의 구성에서 마르크스주의의 이론이 열어 놓은 관점을 취하지 않았다.

—더 세부적인 내용의 어떤 차이가 중대하게 여겨질 수 있다. 사람들은 특히, 임금의 빈약한 증가에 의해 1929년 위기를 설명하고, **포드주의적** 임노동관계의 설립에 의한 제2차 세계대전 이후의 강력한 성장을 설명하기 위해 역사적 궤도의 결정 내에 있는 수요의 역할을 언급하기도 한다(보론 5).

우리의 관점에서는, 수십 년 동안의 종파주의와 당파적 목적에로의 종속이 마르크스주의 분석틀을 명확하게 하는 것을 막았고, 왜곡으로 이끌었다. 1968년 5월 운동으로부터 나온 마르크스주의 조류들의 실패와 함께, 이 기간은 마르크스주의의 고립화로 이끌어졌으며, 조절이라고 하는 독단적 성격이 덜한 구조가 선호되었다.

1981년 프랑수아 미테랑(François Mitterrand)이 대통령으로 당선되었을 때 임금상승에 의해 1974년 경기후퇴 이후의 성장 부진을 치유할 수 있다고 많은 사람이 생각했다. 그것은 전후 경제성장에 대한 설명에서 임금상승이 중요한 역할을 했던 조절이론의 명제(포드주의 양식의 임노동관계의 영속화가 영광의 30년간의 번영을 지속시킬 것이라는 몽상을 불러일으켰다)와 맞닿아 있다. 그러한 기대는 어긋났지만, 시간은 흘러갔다. 미테랑의 제1기 초반의 케인스주의적 경제정책의 실패, 1980년대 사이에 확실해진 신자유주의의 폭력과 세계무역센터(WTC) 테러 이후 계속되는 제국주의의 새로운 형태들은 좌파들(그들 중 많은 이들이 조절이론을 주장했다) 사이의 새로운 급진주의로 이어졌다. 그러한 새로운 급진주의가 마르크스주의적 해석에 일정한 활력을 다시 부여할 것으로 예상된다.

과 국면들 심층에 깔린 근본적 메커니즘을 발견하기는 곤란하다(다른 한편으로 상승 국면과 하강 국면의 체계적 성격화와 이러한 국면의 금융적 과정〔자금조달과정〕과의 관계에는 논의의 여지가 남아 있다).

3. 사실로부터 해석으로

사회의 역사와 그 기능양식을 전체적으로 이해하려는 야심은 마르크스주의적 분석의 근본적 성격 중 하나이다. 그것이 이 책의 진행과정의 지침이 되고 있다. 이 책은 사실들(faits)로부터 출발하고 있지만 그 〔사실들이라는〕 표현은 이른바 중립성의 문제는 아니며, 오히려 사실에 대한 이해를 준비하는 범주들에 따라서 이미 배치되어 있는 것이다. 미국의 사례를 특권화하는 2장에서는 20세기 자본주의 진화의 세 가지 측면에 대해 조망한다. ① 자본주의적 생산이 행해지는 제도적 틀의 변용(métamorphoses), ② 수입과 기술의 장기적 경향과 그것이 야기하는 구조적 위기, ③ 경쟁의 변용과 경제의 반복적인 과열과 수축을 통한 급격한 동요가 그것이다. 이러한 세 측면을 통해 다면적 현실이 사라지는 것이 아니며 세 측면은 이미 어떤 해석의 노선을 나타낸다. 3장은 20세기 마지막 20년간, 즉 신자유주의의 20년을 다룬다. 어떤 축적의 동역학이 나타났는가? 신자유주의는 어떤 이익을 주는가? 누가 그러한 비용을 지불하는가?

4장과 5장은 우리를 경제이론의 중심부로 이끈다. 개별 행위자의 행동(미시경제학)과 거시경제적 변동, 수입, 기술변화와 같은 전통적인 경제학의 주요 영역을 포괄한다. 마르크스주의 분석은 이러한 모든 영역 내에서 다른 〔경제이론〕 조류들과 일정한 관계를 유지하면서 자신의 종별성을 주장한다. 개별적 결정들과 전체적인, 특히 화폐적인 과정을 경쟁 분석과 반복적 위기들에 대한 분석 속에서 어떻게 연결시킬 수 있는가? 다른 시기(époque)로의 이행과정에서 어떤 전환이 일어나는가? 수입의 결정 과정에 경제적 메커니즘과 생산력을 어떻게 결합시킬 수 있는가? 기술변화의 주요 궤적과 기술변화가 자본주의의 역사 속에서 각인시킨 국면(phases)들을 어떻게 명확하게 그려 낼 수 있는가?

6장과 7장은 사회와 역사에 관한 이론을 다룬다. 우선 마르크스가 체계적으로도, 간략하게라도 제시하지는 못했지만 일반적 방법의 기초를 세워 놓은 주요 〔이론〕구성이 대상이 된다. 이러한 이론은 '생산력과 생산관계의 변증법'을 계급구조 및 계급들의 변이(mutation)와 연결시키며, 이 계급구조로부터 나오는 권력 표현과 권력 행위자를 국가론과 연결시키는 것으로 구성된다. 6장의 대상은 이러한 이론구성에 대한 설명이다. 하지만 20세기 자본주의의 변이의 무게가 더 무겁게 느껴지는 것이 바로 이러한 관점 하에서이다. 자본소유의 제도적 표현의 변이들, (자본가 및 프롤레타리아와 나란히) 관리직과 사무직이라는 새로운 중간계급들의 출현이 특징인 계급구조의 변용, 자본주의 내부에서 자본주의를 지양하는 새로운 생산관계의 점진적 확립과 같이 그 내용은 진화하고 있지만 그 주요 관념은 지속된다. 하지만 이러한 변화는 어떤 사회적 논리를 향해 가고 있는가? 이것이 7장의 논의이다.

전체를 총합하는 것이 8장이다. 여기에서는 변화의 방향과 과정의 의미를 동시에 가리키는 모호한 말 속에서 마르크스주의 분석에 고유한 '역사의 방향'이라는 의미를 정확하게 드러내기 위해 자본주의 역사 속의 사실들에 제자리를 다시 부여한다. 즉 각 요소를 해석하고 전체적인 줄거리를 추적한다. 여기에서 결정론과 우발적 사건이 미묘한 관계로 연결된다. 경향 및 위기의 양상과 더불어, **주요 권력형세**(configurations de pouvoir)가 그 뒤를 잇는다. 계급구조와 맥락에 준거하여서만, 그리고 〔계급〕투쟁에 대한 관계에 대해서만 권력형세를 포착할 수 있다. 신자유주의는 권력형세의 가장 최근의 변종이지만 역사의 종말은 아니다.

2장_자본주의의 한 세기

이 장의 목적은 20세기 자본주의 역사를 말하는 것이 아니지만, 해석상의 문제를 제기하는 어떤 축을 명확하게 나타내는 것이다. 여기에서 문제 삼는 것은 중요도가 다른 세 가지 유형의 현상이며, 분석의 최초 단계에는 각 유형을 **분리**하여 다룬다. 그러므로 이 장의 구성은 세 개의 테마를 차례차례 살펴보는 것이 될 것이다.

먼저 한 세기 이래로 지속된 자본주의적 관계, 특히 넓은 의미에서 경제정책과 소유의 형태를 표현하는 제도들의 출현과 그 성격을 살펴보고, 다음으로 구조적 위기과정의 반복 속에서 나타난 단계들, 즉 수입과 기술변화의 주요 경향들에 대해서 언급한다. 마지막으로 경제순환(반복적인 과열과 침체)과 경쟁과정을 다룬다. 이와 같은 다양한 요소들을 연결시키는 일은 이후의 장들에서 점진적으로 행해질 것이며, 특히 마지막 장에서 이루어진다. 3장에서 현대 자본주의의 형세, 신자유주의의 형세를 자세히 다루게 되며, 여기에서는 문제제기의 차원에 그칠 것이다.

이 장에서 전부를 보여 주지는 못하지만, 되도록 많은 것을 나타내려고 하였다. 중심부와 주변부의 관계 및 제국주의 문제는 이후의 장들에서 검토될 것이다. 지구 환경 파괴에 대한 문제 등은 논외의 대상이다.

1. 20세기 자본주의의 변화들

19세기 자본주의 기업들은 여전히 자본주의적 소유자들의 소유로 남아 있었고, 소유자들은 더 직접적으로 기업들을 통제했다. 거시경제정책들은 존재하지 않았다. 이런 구조들은 상당한 정도로 수정되어야 했다.

1) 주식회사, 소유와 경영

19세기 말, 미국에서는 세 번의 주요한 구조적 위기 중 첫번째 위기 ── 이후의 장들에서 그 〔구체적〕 상황들에 대해 다룰 것이다 ── 가 (유럽과 마찬가지이지만 다른 형태로) 만연하였다. 남북전쟁(1861~65) 이전 미국의 기업들은 기계화와 병행하여 생산단위의 규모를 확대시키고 있었다. 통신망, 철도 및 전신이 점차로 국토 전체를 뒤덮었다. 이와 같이 세기 말의 위기는 동시대 많은 사람들에게 격화된 경쟁의 결과로서 〔나타난〕 새로운 맥락을 보여 주었다. 그 당시 기업들은 **카르텔**과 **트러스트**를 결성하여 협정에 의한 자기방어를 꾀하였다. 이러한 혼란은 결국 경제의 중대한 질적 변화로 이어지게 되었다.

● 주식회사

미국에서는 1890년 경쟁과정에서 장애가 발생하였고, 그것은 이윤 또는 시장을 분할하는 기업들 간의 협정을 금지하는 연방 입법 조치(**셔먼법**은 그런 입법 조치의 버팀목이 되었다)로 이어졌다. 동시에 **지주회사**의 구성이라는 보다 긴밀한 협조 형태를 인가하는 법률들이 가결되었다. 이처럼 1900년 전후 구조적 위기로부터 탈출하는 과정은 주식회사 및 합병에 의한 기업 구성의 비정상적 물결을 수반하였다.

이렇게 해서 20세기 자본주의의 전체적인 구조가 자리 잡게 된다. 주식회사는 소유와 경영의 분리를 확고하게 만들었다. 한편으로는 자본을 출자하는 사람들(채권자와 주주), 이른바 **법적** 소유의 의미에서의 소유자들과 다른 한편으로는 임금소득자(salariés)들에 의해 관리되는 거대기업 사이의 분리이다. 자본이 여전히 소수의 수중에 집중되어 있음에도 불구하고, 〔20세기의〕 자본주의는 기능소유자(propriétaires actifs)인 개인 또는 가족 자본주의를 대체하였다. 이러한 전화를 미국에서는 **법인혁명**, 즉 주식회사 혁명과 **경영자혁명**, 즉 관리혁명이라고 부른다.

• 경영

관리혁명은 새로운 중간계급들로 규정될 수 있는 매우 위계화된 관리직 및 사무직과 같은 임금을 받는 광범위한 직원계층에 업무가 위임되면서 가능하게 되었다. 이러한 변화는 그들의 활동의 합리화(근본적인 기술-조직적 변화)라는 의미에서 기업의 크나큰 재조직화를 야기하였다. 그것은 종종 작업현장 내에서 나중에 테일러주의가 되는 **노동의 과학적 조직화**로 묘사된다. 이러한 관점에서 보면 노동자와 생산수단 사이의 거리는 한층 더 멀어졌다. 노동은 기계에 의해 강제되고, 노동조직자가 정하는 리듬에 따라서 관리자들에 의해 통제·지휘되며 구상된다. 하지만 이러한 관리혁명은 기업활동의 또 다른 측면에 영향을 준다. 노동자의 공급과 충당, 생산조직과 감독, 판매시장의 조사, 판매, 비용과 투자기금액의 극소화, 자금조달선의 확보, 재정에 대한 감시 등등에 대해 영향을 미친다. 또한 이러한 업무는 기획·혁신·조직재편 등등의 이행을 포함한다. 관리혁명은 교통(철도), 공업, 상업, 서비스와 같은 다양한 부문으로 점차적으로 확대되었다.

우리가 이 책에서 **경영**(gestion)이라는 용어를 넓은 의미로 사용하고 있다는 것을 지적해 두자[이렇게 넓은 의미로 사용될 경우에는 '관리'로 번역하였다]. **관리자**라고 할 때는 직접적 생산자에 대립하는 관리직과 사무직 전체를 의미하는 것이다.

• 금융

자본소유자는 주식회사 외에도 새로운 제도를 갖게 되었다. 바로 강력한 금융회사이다. (이때는 모건, 록펠러와 같은 금융적·산업적 대부호의 시대였다). 따라서 회사와 관리혁명에 **금융혁명**을 결합할 수 있었다. 19세기 말까지 은행의 주요 업무는 전쟁 기간 동안 국가지출에 대한 자금조달과 별개로 계좌 관리, 결제청산(은행은 각각 고유한 **은행권**을 발행하였다) 및 거래에 관련된 단기 신용 공급 등 기업 간 거래에 부수적인 것들이었다. 이때부터 은행자본은 이러한 활동을 기업에 대한 장기적 자금 공급과 기업 경영에 대한 감독, 즉 채권자와 주주의 기능과 결합시켰다.

20세기 초반 역사의 무대 위에서 금융의 이러한 새로운 발전은 화폐와 신용 메커니즘의 엄청난 진보에 수반되었다. 19세기 말과 20세기 초반은 화폐와 금융이 문자 그대로 폭발적으로 성장한 시기였다(은행계좌와 은행 신용, 그리고 주식시장의 역할이 증대했다). 나중에 보게 될 것처럼 이러한 진화들의 대부분은 신자유주의에서 계속된다. 특히 새로운 관리 수법과 금융제도·금융 메커니즘의 발전이 일어난다.

2) 거시경제정책

화폐·금융적 과정들은 경제활동 일반, 즉 거시경제 상황에 영향을 준다. 대출기금이 미리 대출기관에 예금되어 있는 금융중개와는 반대로,

은행 신용은 사전에 모집된 기금을 전제하지는 않는다. 은행 신용이 화폐 창조의 주요 원천인 것이다. 은행 신용은 계좌의 개설과 더불어 구매력으로 창조되며, 차입자가 자본가일 경우 결국 자본으로 창조된다. 과대한 양의 신용의 주입은 경제를 과열로 몰아넣을 수 있으며, 인플레이션과 투기를 자극할 수 있다. 그것은 금융기관을 불안정화시키고, 〔이에 따른〕 신용 메커니즘의 수축은 경제활동의 붕괴를 촉진할 수 있다. 이와 같이 화폐 창조 과정에 대한 통제는 정상적인 경제활동을 유지시키는 데 결정적으로 중요한 요소이다.

19세기에서 20세기로 이행하는 과정에서 신용 메커니즘이 확장될 당시, 경제이론가도 실무가들도 그 영향의 범위를 파악하지 못했다. 집중화된 통제를 고려하기는커녕, 신용이 상품들과 관련된 진정한 거래에 자금을 공급하는 데 이용된다면 모든 것이 잘될 것이라는 게 당시의 지배적인 견해였다. 그렇지만 19세기 이래 미국에서는 대형은행이 규율을 설정하고 금융기관들 사이의 기금 이전에 따라 이자율을 수정하면서 사실상 중앙은행의 역할을 수행하였다. 위기 시에는 어음 청산소를 공동의 구제 조직으로 설치하였다. 20세기 초에는 재무당국이 다양한 개입을 조심스럽게 시도하였다. 그러는 동안 위기는 더 빈번해지고 더 심각해졌는데, 주요 금융기관들도 포함되었다. 그리하여 생산은 붕괴되고, 기업 파산과 실업, 빈곤의 행렬이 늘어나게 되었다. 금융기관들은 자신의 활동, 특히 현금 지불을 정지하였으며, 일부〔의 금융기관〕는 소멸되었다. 미국의 중앙은행인 연방준비은행은 1913년에 설립되었지만, 전통적인 원칙에 따라서 민간은행들의 통제 하에 있었다.

집중화된 통제라는 이념이 전면에 등장한 것은 1929년 대공황이지만, 그 필요성은 제2차 세계대전 이후에나 받아들여지게 되었다. 영국의 경제학자이자 외교관인 존 메이너드 케인스(John Maynard Keynes)가 이러한 과정을 상징하는 인물로 나타났다. 그는 양차 세계대전 사이에 화폐·금융 메커니즘의 통제는 어떤 시장적 과정으로도 확보되지 않으며, 사적 이익의 수중에 남겨 두어서도 안 된다고 주장하였다. 이러한 임무는 국가의 것이 되었으며, 중앙은행의 화폐정책(특히 이자율을 수단으로 신용을 규제함으로써)과 국가 자신이 스스로 차입자가 되는 재정정책을 통해 이루어졌다. 이러한 케인스주의적 관리의 국제적인 측면이 1944년 브레턴우즈 협정이다. 이 협정은 1930년대 국제무역의 수축과 같은 시나리오의 재발을 모면하는 것을 목표로 삼았다.

자본의 국제적 이동성에 대해 일정한 제약을 부가할 필요성을 승인하는 것이 이 장치의 중요한 일측면이다. 그것은 해외로부터의 생산적 자본(건설 및 기계)의 투자를 제한하지는 않았지만, 특히 외국의 다른 기관으로의 이전이 가능하며 다른 통화로 태환 가능한, 시장에서 용이하게 양도되는 계좌·신용·주식의 형태로 투자된 유동성 자본(**유동성** 대신에 가끔 **단기적**이라고 부적절하게 말한다)의 움직임에 대해서는 제동을 걸었다. 이 책에서 자본의 국제적 이동성에 대해 말할 때는 항상 이 **자본투자의 국제적 유동성**을 의미하는 것이다.

3) 혼합경제(L'économie mixte)

이러한 국가의 경제에 대한 개입은 앞서 언급된 거시경제적 정책의 범위를 훨씬 뛰어넘는 것이었다. 예를 들어 프랑스와 같은 나라에서는 금융시스템과 산업기업의 주요 부분이 국유화되었다. 국가는 산업정책을 통해 연루된다. 일본과 주요 주변부 국가들은 자신들의 발전 전략을 보장하기 위한 제도적 틀을 수립하였다. 민간부문과 공공부문의 상층 관리자는 강력한 자율성을 부여받았으며, 그들의 동업자, 아마 조합원뿐만 아니라 주주에 대한 그들의 행동을 보장받았다. 동시에 교육, 연구, 보건은 종종 오래전부터 주로 시장의 지배 바깥에 있었으며, 사회 즉 국가기관이나 국가 관련 기관들의 책임이었다.

사실 이러한 발전적 틀의 거시경제 및 산업적 차원들은 짝을 이루고 있다. 비금융기업들은 금융시스템에 대해 인플레이션을 고려한, 수익성이 거의 없는 낮은 이자율을 지불한다. 이렇게 낮게 설정된 이자율은 경제활동을 촉진시킨다. 하지만 그러한 시스템에서는 동일하게 국가가 서로 다른 부문들과 기업들 사이의 자본을 할당하는 과정을 관리한다. 프랑스의 경제계획 또는 일본 MITI〔통상산업성〕의 사례에서 위와 같은 과정이 종종 드러난다. 이러한 정책들은 인플레이션에 대해서는 다소 관대했으며, 환율의 관리와 브레턴우즈 협정이 승인하는 자본의 국제적 이동에 대한 제약 없이 지속적으로 실행되기는 불가능했다. 모든 것들이 서로서로에게 의존하고 있다.

2. 경향과 위기

이 절에서는 자본주의적 변형의 두 가지 측면을 논한다. 여기에서는 기술과 수입의 장기적인 운동과 구조적 위기를 순차적으로 검토한다.

1) 기술과 수입
• 이윤율과 기술변화의 네 국면

이윤율의 역사적 운동에 대한 분석으로부터 이러한 검토를 시작하는 데에는 일정한 의도가 있다. 마르크스주의적 분석이 이 변수〔이윤율〕에 중

〈도표 1〉 이윤율의 역사적 동향(미국의 민간 경제)

※ 여기에서 이윤율은 고정자본스톡에 대한 (총수입에서 노동비용을 제외한) 조이윤의 비율이다. 도표 2, 7, 8과 마찬가지로 이 도표에서 나타나고 있는 시계열은 다양한 국민계정 데이터로부터 필자들이 계산해 낸 결과이다. 그 자료들은 미국의 연방준비은행과 경제분석국(BEA), OECD의 미국과 프랑스 관련 데이터, 그리고 프랑스의 국립경제통계연구소(INSEE)에서 가져왔으며, 더 장기적인 시계열에 대해서는 다양한 경제사가들의 작업으로 보충하였다. 이 도표와 관련해서는 Duménil and Lévy(1996)을 보라.

심적 지위(place)를 부여하는 이유에 대해서는 훨씬 뒤에서 논의할 것이다. 한 세기 동안 펼쳐진 미국 경제에 대한 연구를 통해 이윤율의 중요성이 충분히 확인된다.

〈도표 1〉은 (이자와 조세 지불 전) 고정자본에 대한 이윤 총량〔조이윤粗利潤〕의 비율인 이윤율의 운동을 묘사하고 있다. 추세선을 통해 경제순환의 효과를 주로 반영하는 변동(예를 들어 1929년 대공황 속에서 벌어진 이윤율의 급격한 하락은 경제활동 붕괴의 효과이다)을 추상할 수 있다. 만약 기간 전체에 대한 평균적 경향이 수평적이라면, ①과 ③의 이윤율 저하의 두 국면과 ②, ④의 두 상승 국면으로서 네 국면의 존재를 명확하게 포착할 수 있다(36쪽의 〈표 1〉은 이러한 국면들과 전 기간에 걸친 이윤율의 연평균 성장률을 보여 주고 있다).

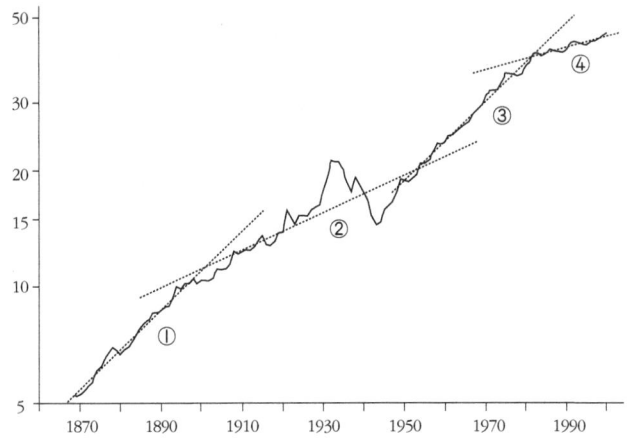

〈도표 2〉 자본-노동 비율(노동시간 당 달러, 1996년 미국의 민간 경제)

출처 : Duménil and Lévy(1996)

〈도표 2〉는 생산의 기계화 지표라고 할 수 있는 자본-노동 비율의 운동(〈표 1〉에서는 K/L)을 나타내고 있다. 네 국면은 이 비율의 성장하는 서로 다른 리듬에 상응한다. 이윤율이 저하하는 기간은 자본-노동 비율이 더 급속하게 상승하는 기간이며, 상승하는 기간은 그 반대라고 할 수 있다. 또한 자본에 대한 생산의 비율, 즉 자본생산성의 변동을 묘사하며, 그것은 고정자본에 대한 의존이 증대하는 것을 보여 주는 또 다른 지표이다. 동일한 시기 구분이 나타나고, 이윤율의 저하와 상승은 자본생산성의 동일한 움직임과 결부된다.

〈표 1〉에서의 숫자들처럼 이 두 도표는 20세기 초반부터 1950년대까지 지속된 국면 ②의 예외적 성격을 강조한다. 자본-노동 비율의 완만한 성장을 나타내는 기술변화의 새로운 흐름은 이윤율의 강력한 재상승과 급속한 기술 진보를 동반하였다. 1900년에서 50년까지 자본생산성의 증대 이외에 노동생산성의 연평균 성장률도 2.4%로 (1869~2000년

〈표 1〉 미국의 연평균 성장률

	① 1869~1900	② 1900~1953	③ 1953~1982	④ 1982~2000	1869~2000
r	-2.88	0.62	-1.05	1.76	-0.02
K/L	2.35	1.12	2.35	0.66	1.57
Y/K	-1.78	0.66	-0.89	1.16	0.02
w	1.42	2.34	1.94	1.42	2.11

※ r : 이윤율, K/L : 자본-노동 비율, Y/K: 자본생산성, w: 실질임금. 각 비율은 각 변수에 로그를 취해 시간에 대해 (선형) 회귀분석해서 산출한 것이다(Duménil and Lévy, 1996).

전 기간에 걸쳐서는 평균 2.1%와 비교해서) 약간 더 높은 편이었다. 1929년 대공황의 발발에도 불구하고 심층에 있는 역사적 윤곽은 이 기간 동안 매우 우호적이었다.

또한 〈표 1〉은 임금비용(또는 실질임금)의 성장률을 나타낸다. 임금변동은 자본주의 국면들과 일정한 관계를 유지하지만, 엄격한 관계를 갖지는 않는다. 임금성장률은 20세기 전반(국면 ②)에는 크게 상승하였고, 그동안 이윤율도 상승하였다. 이윤율의 저하가 나타나는 그 다음 국면 ③에서는 임금성장률이 감소하였다. 또한 임금성장률은 최근 20년간(국면 ④) 꾸준히 저하하고 있는 중이다. 이것은 임금의 운동에 대한 정치적 요인의 중요성을 시사하고 있다.

유럽과 일본을 대상으로 한 동일한 연구로부터 제2차 세계대전 이후 미국에 대한 [유럽과 일본의] 추격의 이미지가 떠오른다. 20세기 전반부 미국의 특징(국면 ②)이었던 기술변화의 거대한 물결이 점차 일본과 유럽으로 수출되었다. [특히] 일본은 전쟁 이후 미국에 비해 크게 뒤떨어져 있었다. 그 후 일본은 이윤율 저하의 새로운 국면을 미국과 공유했고, 동시에 유럽은 미국과 이윤율 상승의 최후의 국면을 공유했다.

2) 구조적 위기

세 차례 발생한 대규모의 구조적 위기가 20세기의 특징이다. 1890년대와 1970년대 정점에 도달한 위기가 이윤율 저하의 국면(①과 ③)에 뒤이어 발생하였다. 반대로 1929년의 대공황은 이윤율의 상승 국면(②)에서 발생하였다.

• 19세기 말 구조적 위기

경제활동의 최초 수축은 1873년에 미국을 엄습하였다. 두번째 불황이 1890년대 동안 [미국을] 다시 곤경에 빠트렸다(남북전쟁 사이에 일시 정지되었던 달러에 대한 금태환이 이 두 위기의 중간 기간인 1879년에 재개되었고, 경제활동은 과열 양상을 나타내었다). 이러한 위기는 이윤율 저하의 첫번째 국면과 연결되어야 한다. 앞서 말한 바와 같이 이 기간에는 경쟁 메커니즘의 심각한 문제가 발생하였는데, 그것은 기업 규모의 확대는 물론이고 대체로 수익성 감소의 표현이었다.

• 1929년 대공황과 1930년대 불황

기록상으로는 어떤 예외적 성과도 보이지 않고 있지만, 1920년대를 일반적으로 번영의 시대라 평가한다. 국면 ②의 새로운 기술변화의 흐름이 나타나기 시작하였고, 아직은 미약한 것이었지만 이윤율 상승이 가시화되었다. 새로운 금융적 틀의 출현에 후속하는 금융 메커니즘의 폭발적 확대는 새로운 화폐·금융관계들을 규정하였다. 창설된 지 얼마 안 된 상태였던 연방준비은행은 본격적인 거시경제적 통제에 임할 태세를 아직은 갖추지 못하였다. 1929년 말 나타난 경기후퇴는 주식시장의 붕괴로 배가되었다. 여전히 관리혁명에 보조를 맞추지 못하고 금융이 지탱해 주지 못했던 경제부문은 파산하였고, 경제는 불황으로 끌려 들어 갔다. 경기하락을 멈출 수 있는 거시경제적 조치는 실행되지 못하였다. 이러한 규모의 위협은 전대미문의 것이었다. 위기는 미국의 위기였고 미국에 더 강력한 [위협]요소들이 존재하고 있었지만, 세계 다른 지역을 점진적으로, 그리고 다양한 정도로 휩쓸고 지나갔다.

• 1970년대 위기
1960년대 말 기술변화의 성과와 수익성 수준이 악화되자, 수요정책의 실행으로는 자본축적의 둔화와 거시경제적 불안정성을 저지할 수 없었 다. 인플레이션과 실업의 이중적 파고가 일어났다. 앞에서 본 것처럼 다 른 요소들이 있기는 하지만 특히 이 위기로 신자유주의적 관점이 개시 되었다.

3. 경제순환과 경쟁

자본주의 역사의 한 세기를 관통하는 이 거대한 단면도의 세번째 측면을 논하는 이 절은 경제순환(경제활동의 전체적 수준의 변동)과 경쟁, 정확하 게는 부문 간 이윤율에 관한 두 가지 유형의 정형화된 사실을 다룬다.

• 경제순환
구조적 위기(또는 대위기)와 구별되는 자본주의의 특징 중 하나는 잇단 경기후퇴와 과열기를 거치는 거시경제적 변동이 반복적으로 발생한다는 것이다. **자본주의는 결코 이러한 불안정성을 제거하는 데 성공한 적이 없다.**
    〈도표 3〉은 19세기 말 이래 미국 경제성장률의 움직임을 보여 주고

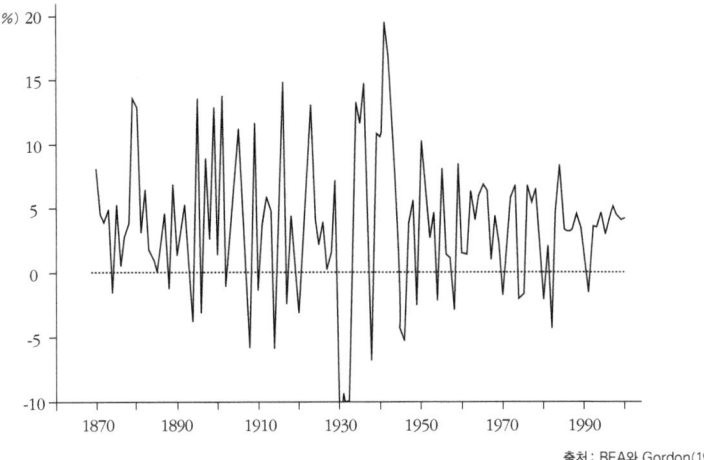

출처 : BEA와 Gordon(1986)

있다. 이러한 성장률 변동의 항상성은 꽤 명백하다. 각 정점은 과열기에 대응하며, 이 비율이 음의 값으로 하락할 때를 경기후퇴라고 부른다. 이러한 자본주의의 고유한 성격은——놀랍게도 경제정책의 진보를 고려해 보면——설명을 필요로 하는 특성을 하나 더 추가한다. 그렇기는 하지만 이 도표는 제2차 세계대전 이후로 이러한 변동이 완화되었음을 보여 주고 있다.

● 경쟁

이 장에서 마지막으로 다루어질 또 다른 주요한 정형화된 사실은 부문들의 수익성과 관계되어 있다.

　　20세기 초반 거대기업의 발전은 마르크스주의자들 사이에서도, 그리고 주류경제학 내부에서도 다양한 반향을 일으켰다. 거대기업은 전통적 부문보다 명확히 높은 수익성을 나타내었다. 이러한 것이 관찰되자

〈도표 4〉 부문별 이윤율(미국)

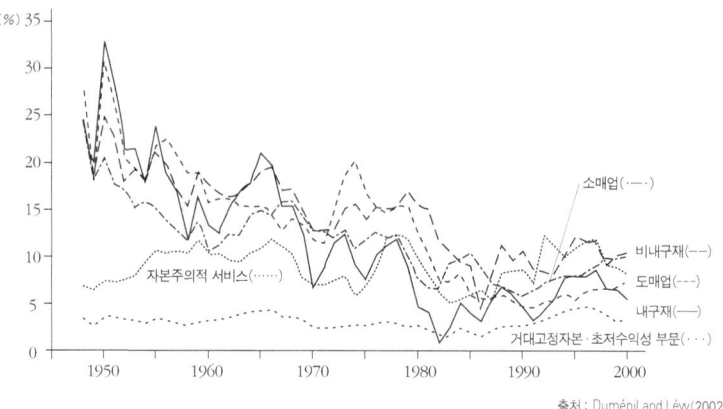

출처 : Duménil and Lévy(2002)

일부 사람들은 성급하게 수익성이 시장에서 판매자의 힘에 달려 있으며, 집중의 정도가 더 높은 경제부문들에서 경쟁이 제한되기 때문에 이 부문들은 다른 부문들보다 높은 이윤율을 향유한다고 주장했다.

이러한 명제를 검증할 수 있는, 한 세기 전체를 포괄하는 통계 수치는 존재하지 않지만, 제2차 세계대전 이후에는 이와 같은 계산이 가능하다. 그래서 이 시기 이후 미국의 다양한 부문들 사이의 이윤율 운동을 연구할 수 있었다. 이러한 분석을 행하기 전에 경제 내의 자본주의적 성격이 희박한 부분(예를 들어 독립적 노동자의 비율이 비정상적으로 큰 부문)을 제외할 필요가 있는데, 그것은 어떤 종류의 서비스를 제외하는 것이 된다. 우리는 여기에서 비교 대상이 되는 서비스 부문을 **자본주의적 서비스**라 부를 것이다.

그러면 〈도표 4〉에서 보이는 것과 같이 각 부문의 이윤율은 **어떤 공통의 값 주위에서 변동하는 경향**을 나타낸다(Duménil and Lévy, 2002). 약간의 격차가 어떤 시기에 관찰되기도 하지만 그 격차는 안정적이지 않다. 더 나은 이윤율 정의를 택하게 되면 이러한 수치의 폭이 감소한다. 여기에 이론적이고 경험적으로 가장 만족스런 해결책을 고려하였고 훨씬 더 나은 정의 속에서 현재 이용 가능한 데이터들을 활용하지 못한 것은 유감스럽다.

(제2차 세계대전 이후 평균적으로 국내생산의 13% 정도를 차지하는) 교통 또는 수도, 가스, 전력과 같은 일부 부문이 이러한 운동에서 예외적이며 아주 낮은 수준의 수익성을 갖고 있다는 사실에 대한 관찰에 의해 이 결과를 구체화하여야 한다. 프랑스와 같은 나라의 경우에는 공공서비스가 대량의 고정자본을 보유하고 있고, 강력한 규제를 받는 이 부문들을 통해 제공된다.

4. 이론에 대한 검토

위에 언급한 현상들은 본질적으로 자본주의의 본성에 대한 문제이기 때문에 마르크스주의 이론가들에게 심각한 문제로 제기되었다. 이러한 질문은 사실 주류경제학의 문제와 중첩되며, 금융자본과 제국주의에 관한 루돌프 힐퍼딩(Hilferding, 1910)과 레닌(Lenin, 1916)의 명제와 같은 다양한 해석을 불러일으켰다. 기업들의 성장과 경쟁과정의 진화는 독점자본론으로 귀착한다. 제2차 세계대전 이후, 폴 배런과 폴 스위지(Baran and Sweezy, 1970)는 자신들의 저작에서 총수요의 결정과 경쟁의 다양한 측면들을 몇몇 분석과 결합시켰다. 새로운 중간계급의 출현은 제임스 번햄(Burnham, 1941)과 같은 사람들이 마르크스주의를 기각하게 되는 요인으로 작용하였다. 그런 까닭에 우리 연구의 영역은 과거의 유물에 인접하여 있으며 함정에 빠질 위험이 있다.

이 장의 각 세 절들은 저마다의 방식으로 더 진전된 이론적 고찰을 필요로 하는 일정 수의 문제들을 나타내고자 했다. 특히 자본주의의 장기적 동역학의 여러 측면 사이의 관계 설정의 문제가 제기된다.

—자본주의적 소유제의 거대한 변화를 어떻게 이해해야 할까? 〔계급〕투쟁과 경제적 결정요인들을 어떻게 결합해야 하는가? 문제가 경제이론과 사회이론 그리고 사회의 역사에 대한 이론이기 때문에, 이 책의 모든 장들은 여기에 설명적 가치를 결합시킨다.

—기술변화와 수입의 경향들을 다룬다면, 특정한 수십 년 동안 발생하는 이윤율 저하를 항상 확인할 수 있다. 하지만 자본주의적 생산양식의 일반적 동역학의 원인과 의미를 명백히 해야 한다. 『자본』의 문제설정은 자본주의가 그 기능양식의 원동력을 중대하게 변환시키는 대가로 그것이 극복해야만 하는 어떤 어려움들에 대해 지적한다(5장).

—(거시정책의 진보에도 불구하고) 경제순환의 항상성과 (기업 규모의 막대한 성장에도 불구하고) 경쟁 메커니즘이 갖고 있는 항상성은 〔기존의〕 경제이론에 문제를 제기한다. 마르크스주의적 이론은 거기에 대한 명확하고 독창적인 대답을 제시한다.

자본주의 시기 구분에 대한 사고가 이 분석의 중심에 위치한다. 설사 적합한 기준인지 아닌지를 판단한다고 해도, 위의 세 가지 축 각각은 예를 들어 개인소유자의 자본주의〔또는 가족 자본주의〕인지 법인 자본주의인지, 이윤율은 상승하는지 저하하는지, 그리고 독점 자본주의인지 경쟁 자본주의인지를 구별하는 데 기여한다고 주장할 수 있다. 그리고 이 목록에는 한계가 없다. 이러한 시기 구분은 중첩되지만 동등한 것은 아니다. 그리고 실제적으로는 구조적 위기와 전쟁을 통해 회피하기 어려운 단절점이 명확하게 정의된다.

3장_신자유주의

이 장에서는 20세기의 마지막 20년을 더 세밀히 분석한다. 21세기 초인 현 시점에서 보면 1970년대에서 80년대로의 이행[과정]에서 나타난 특징은 자본주의 주요 경로의 변화이며, 신자유주의의 본질에 대한 질문이 이 변화에 결정적인 것으로 나타난다. 신자유주의적 질서 속에서 계급[관계]의 내용과 특히 금융의 역할은 매우 명백하다. 이후의 장들에서 이론적 분석의 요소들(계급들, 금융, 권력형세, 계급투쟁 등)에 대한 논의를 했지만, 신자유주의에 대한 이러한 연구가 숨겨진 의미에 도달하기는 불가능하다. 이것이 이론적 고찰로부터 그 대상을 빼앗는 것은 아니다. 이러한 이론적 고찰은 8장에서 주요 권력형세로서 신자유주의를 제시하고 원칙적 행위자인 금융에 대해 올바른 성격을 부여하며 자본주의의 미래를 지배하는 계급투쟁 속에 명확하게 위치시키는 것을 가능케 한다.

1. 세계화와 신자유주의

1) 새로운 사회질서

사람들은 매우 쉽게 동의어로서 간주하는 세계화(mondialisation) 또는 글로벌라이제이션을 현 세계의 악의 근원이라고 말한다. 그러나 세계화와 신자유주의가 현재 밀접하게 연관되어 있는 현실을 제시하지만 동일한 것은 아니기 때문에 매우 신중해질 필요가 있다.

—세계화는 마르크스가 자본주의의 주요 경향(세계시장의 건설)과 동일시했던 아주 오래된 과정이다. 교환의 확대, 자본이동, 전 지구적인 (지구에 대한) 착취는 신자유주의의 발명품이 아니다. 현 단계는 환율조작과 국제적 자본이동의 증대, 초민족기업의 확장과 국제금융기관(IMF, 세계은행IBRD 등)의 새로운 역할이 그 특징이다.

자본주의의 세계화는 항상 두려운 것이었다. 그것은 항구적인 무력분쟁을 일으켰고, 인명과 문화를 파괴하였으며, 인류의 일부를 노예화하였고, 참혹한 빈곤을 더 확대하였다. 우리가 말하고 있는 것은 16세기 스페인 제국의 행동만을 말하는 것이 아니다. 1950년대의 세계도 여전히 식민제국, 특히 프랑스 제국의 세계였다. 따라서 여기서 자본주의의 그러한 측면을 단지 과거의 것이라 생각해서는 안 된다. 반세기 전이나 지금이나 폭력적인 측면에서는 변화한 것이 없으며, 현재의 상황은 과거 자본주의의 500년 역사와 연결되어 있는 것이다.

—신자유주의는 **중심부와 주변부 모두** 마찬가지로 자본주의의 새로운 기능양식을 뜻한다. 새로운 노동규율과 주주와 채권자의 이윤에 대한 관리, 〔경제〕발전 또는 사회보장 측면에서 국가 개입의 후퇴, 금융기관의 극적인 확대, 비금융부문과 금융부문 사이에서 후자에 유리한 새로운 관계의 창출, 인수·합병에 대한 새로운 호의적 태도, 금융부문에 대한 탈규제의 확대, 가격 안정성을 목표로 행동하는 중앙은행의 자율성과 권력의 강화, 주변부 자원의 중심부로의 유출에 대한 결정 등이다. 신자유주의는 세계화에 새로운 형태를 부여한다. 특히 제3세계의 채무

와 자본의 자유로운 국제적 이동성에 의한 피해 형태가 그것이다. 이러한 현 단계의 주요한 특징은 지구 전체로의 〔새로운 기능양식의〕 점진적 확대, 그것의 고유한 **세계화**이다.

2) 신자유주의적 질서의 출현

이러한 본성을 가진 모든 역사적 사건들과 마찬가지로 신자유주의가 언제 출현했는지 정확하게 말하기는 어렵다. 그것은 소멸에 대해서도 마찬가지일 것이다. 일련의 전환이 특히 국제적인 측면에서는 이미 1970년대 동안 일어났다. 주요 자본주의 국가들 내에서 이 기간에 **화폐주의자**(monétaristes)라고 불리는 새로운 조류가 **나타났다**. 그러나 상징적인 사건은 확실히 연방준비은행이 이자율을 급격하게 상승시키기로 결정한 1979년이다. 우리는 이것을 **1979년의 격변**(le coup de 1979)이라고 부른다.

• 달러 위기와 구조적 위기

1970년대는 이행기였던 것으로 생각된다. 1960년대 말, 미국은 제2차 세계대전 이래 처음으로 지속적인 대외무역적자를 기록했다. 그것을 유럽 국가들과 일본에서 진행 중이었던 추격의 결과로 보기도 한다. 달러는 국외에서 축적되었고, 금태환 요구의 징조가 나타났다. 금과 외국통화들에 대한 달러의 평가절하가 문제시되기 시작했다. 미국은 1971년 달러의 태환을 정지하였고, 통화의 변동성이 강화되었다.

　미국의 힘의 감소라는 시대적 배경에도 불구하고 이러한 변동성은 미국과 미국 금융의 수중에 새로운 무기, 신자유주의적인 장치가 될 최초의 계기를 제공하였다. 이러한 요소에 1974년 미국에서 부활한, 1960

년대에는 제한적이었던 국제적 자본유통의 자유화와 같은 다른 요소들이 뒤따랐다. 영국은 1979년에 미국에 보조를 맞추었고, 프랑스를 포함하는 다른 유럽 국가들이 뒤따랐다. 신자유주의적 구조가 그 후 궤도에 올랐고, 케인스주의적 정책은 점진적으로 재검토되었다.

재임 말기 지미 카터(Jimmy Carter) 대통령은 자국의 [경제]활동을 유지하는 데 전력을 다하면서, 인플레이션의 가속화와 국제통화체계의 개편에 대해 두려워하고 있는 독일(마르크화의 역할이 점차 증대되고 있는 상황이었다)을 포함한 주요 동맹국들의 지지를 모색했지만 헛수고였다. 그리하여 폴 볼커(Paul Volker)를 미국 연방준비제도 이사회 의장으로 임명하면서 인플레이션 억제의 의지를 보였다. 이는 엄청난 이자율 인상으로 이어졌는데, [명목이자율에서] 인플레이션[율]을 뺀 실질이자율은 대체로 6~8%까지 인상되었다. 인플레이션 이외에도 구조적 실업의 경향이 미국에서 전개되었으며, 그것은 로널드 레이건(Ronald Reagan)과 마거릿 대처(Margaret Thatcher)의 임금억제정책의 실행 조건이 되었다.

• 지배자에 대한 위협

아마 어떤 시계열도 〈도표 5〉에서 이야기하고 있는 것보다 신자유주의의 기원에 대해서 잘 말해 주는 것은 없을 것이다. 〈도표 5〉가 보여 주고 있는 것은 미국 가계의 총 부 중 최상위 가계 1%가 보유한 부분이다. 이에 따르면 1970년대까지는 그 1%가 총 부의 약 35%를 소유하고 있었다. 그 다음에 이러한 비율은 1970년대 동안 20% 근처까지 하락하였고, 그 후 1980년대에 그 비율이 다시 상승하였다. 아마 전부가 이런 식으로 설명되지는 않겠지만 말이다.

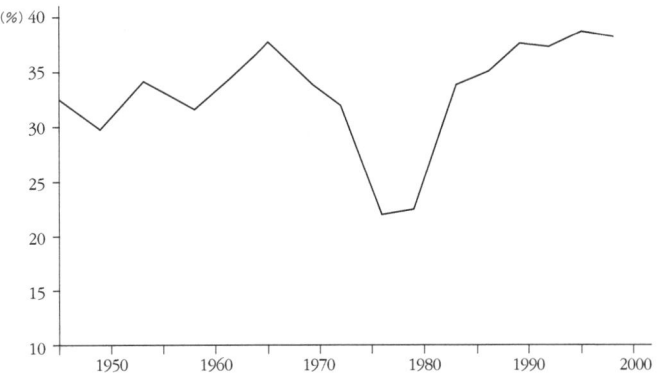

〈도표 5〉 가장 부유한 1% 가계의 부(富) 보유율(미국)

※ 부에는 부동산(주택), 화폐와 채권, 내구소비재가 포함된다(Wolff, 1996).

이러한 운동의 결과와 원인에 대해 자문할 필요가 있다. 1960년대와 70년대 자본의 수익성(la rentablité du capital)이 하락하였다. 기업은 배당을 줄였고 실질이자율은 사실상 제로, 또는 심지어 마이너스였다. 인플레이션으로 인해 주가 역시 크게 떨어진 상태였고, 침체되어 있었다. 이러한 조건 속에서 지배계급의 수익과 자산은 크게 손상되었고, 불평등이 극적으로 감소하였다. 신자유주의 하에서는 더 유복한 계층들이 자신들의 상대적 쇠퇴를 저지함으로써 야기된 광범위한 운동을 관찰할 수 있다.

이러한 구조적 위기의 기간은 (베트남 전쟁에서 패배한) 미국 지배력의 실질적 또는 가상적 후퇴의 기간이기도 하다. 눈길이 일본과 독일로 향했다. 그 징조는 하나의 세계화로부터 복수의 중심(미국, 유럽, 일본의 삼극 구조)으로 나타났다. 이러한 관점은 정당을 형성하고, 선거에 참여하는 미국 재계의 구성 원칙과 이해의 수렴에 중요한 역할을 했으며, 선거운동에서 민족적 자존심을 자극하는 대중적 담론으로 쓰였다. 이러한 상황은 금융계가 볼커의 행동을 사주했던 순간과 같은 시기인 1979년 로널드 레이건의 선거에 유리하게 작용하였다(금융가들의 견해로는 이자율 상승을 통해 인플레이션을 막을 수 있고, 채권자의 수입을 보장하며, 국가의 눈덩이처럼 불어나는 부채를 핑계로 사회보장을 중지시킬 수 있게 하는 세 가지 이점이 있었다).

• 대안과 투쟁의 실패

이러한 사건들과 수요 촉진적인 케인스주의적 정책들의 실패를 분리할 수는 없다. 케인스주의적 정책은 1970년대의 위기와 같은 구조적 위기에 적합하지 않았다. 하지만 신자유주의자들은 일본과 유럽 그리고 주변부의 많은 국가들과 같이 국가가 경제에 강력하게 개입하는 대안적 모델들에 대해 공세를 펼쳤다.

　유럽의 개량적 사회주의는 그 구성 부분의 거의 전부가 신자유주의 학파에 급속하게 합류하였다. 자본의 국제적 이동성에 대한 새로운 틀과 그것과 결부된 거시경제적 정책을 승인하였고, 공기업을 민영화하였으며, 공공서비스에 대한 지원을 축소하고, 진보된 형태의 새로운 자본 집중 방식을 승인하였다. 하지만 유럽의 개량적 사회주의는 현실적이고 잠재적인 대중투쟁의 압력 하에서 사회보장체계의 대부분을 유지했기 때문에 매우 특별한 형세, 즉 **사회-신자유주의**(social-néolibéralisme)를 만들어 냈다.

3) 계속된 진화

신자유주의가 일정한 세력관계를 역전시킴에도 불구하고 2장 1절에서 다루었던 진화를 단순히 중지시키지 않았음을 이해하는 것이 중요하다.

―19세기 말 이래로 금융기관의 엄청난 발전과 그에 수반한 자본의 집중은 1980년대 초 이후에는 새로운 정점에 도달하였다. 그때부터 이러한 금융활동과 그에 상응하는 권력은 은행의 활동과 전통적 보험업 및 대규모 투자자본의 관리와 같은 새로운 기능을 담당하는 거대 금융 **지주회사**로 집중되었다. 미국과 같은 나라에서는 증권이 뮤추얼 펀드나 연금기금(어떤 것들은 거대한 규모이다)과 같은 다수의 기금에 통합되었다. 소유자로부터 경영자로의 업무 위임이 금융회사 내에서 계속되었다. 금융 또는 비금융기업 전체에서 새로운 관리혁명이 진행 중이다.

미국 금융기관의 대형화는 종종 언급된다. 예를 들어 약 100여 개의 나라에 분산되어 있는 수천 개 회사들을 통합한 씨티그룹(Citigroup) 지주회사를 보면, 2002년에 그룹의 자산 총액이 1조 달러 이상에 이르렀다. 같은 기간에 미국의 전체 비금융회사의 자산 총액이 실물자산과 금융자산을 포함하여 18조 달러였다는 것을 보면 그 규모가 어느 정도인지 확실히 알 수 있다. 미국에서 가장 큰 뮤추얼 펀드를 운용하는 그룹은 피델리티 인베스트먼츠(Fidelity Investments)인데, 2002년에 총 7,510억 달러 상당의 300개 이상의 펀드를 운용하고 있다.

―거시경제정책의 측면에서는, 1980년대 금융계가 강력한 중앙은행의 존재에 대해 반대하지 않았지만 그 통제권을 획득하였다는 것을 강조해야만 한다. 금융계는 그들의 권력과 이익의 도구로 화폐정책을 전환하였다. 완전고용이라는 케인스주의적 목표는 소유자의 이익과 자산의 방어라는 목표로 치환되었다. 그것은 가격 안정성에 특권을 부여함으로써 이루어졌다. 문제는 제도들의 체계 그 자체가 아니라 그것의 목적이다. 특히 선진 자본주의 경제들은 다소 집중화된 화폐적 개입과 규칙 밖에서 기능할 수 없기 때문이다.

출처 : OECD(2001)

2. 비용과 이익

신자유주의는 소수에게 이익을 주고 다수에게 해를 끼친다. 그것의 계급적 기초는 매우 명백하다. 지금부터 중심부——미국과 유럽, 그리고 일본——에서 점차 주변부로 고찰을 진행하면서 하나의 견해를 제시할 예정이다.

1) 중심부 국가들 중에서 누가 이익을 보고 누가 손해를 보는가?

〈도표 5〉에 나타나는 바와 같이, 신자유주의의 일차적 효과는 특히 금융자산과 같은 자산의 수익성을 회복시킨 데 있다. 1979년에 급격한 이자율 인상이 있었고, 인플레이션은 종말을 고하게 되었다. 명목이자율의 점진적 인하에도 불구하고 상승된 실질이자율은 신자유주의 20년 동안의 전반적인 특징으로 남아 있다. 그것은 프랑스와 미국의 장기이자율을 나타내는 〈도표 6〉에서 나타난다. 이러한 상황은 명백히 개별 채권자

〈도표 7〉 이윤 중 배당으로 분배된 부분(비금융기업)

출처 : Duménil and Lévy(2000)

와 기관 채권자에게 이익을 주었다. 하지만 거기에 주주에 대한 배당의 체계적 분배를 추가해야 한다. 비금융기업의 이윤 중 배당으로 지불되는 부분은 〈도표 7〉에서 보는 것과 같이 매우 증대되었다. 주식시장의 등귀는 지체 없이 걸음을 맞추어 나갔으며, 그것은 투기적이라 말할 수 있는 누적적 호황으로 이어졌다.

그것과 병행하여, 미국 가계의 일부분은 채권자로서의 위치를 강화하였다. 1960년대 또는 70년대 가계의 금융자산은 가처분 소득(즉 과세분을 제외한 수입)의 약 100% 정도였다. 이러한 비율은 신자유주의 시기가 되자 150%에 이르렀다. 대칭적으로 미국 가계(부분적으로 가계 이외의 다른 부문)의 부채는 가처분 소득의 약 60%에서 100%로 늘어났다. 이자율의 상승은 소액에 지나지 않았던 미국의 재정적자를 대규모로 전환시켰다. 프랑스에서는 온갖 적자들이 이자율 때문에 나타났다(신자유주의는 이자율 상승의 책임을 공공지출의 탓으로 돌리는데, 이는 인과관계를 역전시키려는 선동에 지나지 않는다).

이러한 자본주의의 새로운 흐름은 금융활동 일반과 금융투자의 유혹을 증대시켰다. 이것이 바로 **금융화**이다. 금융적 수익성 회복의 효과 아래에서 금융회사들의 규모가 증대하였다. 미국의 경우에는 금융회사들의 자기자본(부채를 제외한 총자산)이 1960년대에 비금융회사 자기자본의 약 25%였고, 1970년대에는 18%까지 떨어지지만, 2000년대에는 30% 가까이 증가한다. 비금융회사들은 직접적으로든지, 자회사의 중개를 통해서든지 간에 더욱더 금융활동에 깊게 관련되었다. 비금융회사들의 금융자산과 채무 또한 동시에 증가하였다. 미국에서 채무에 대한 청구권〔채권〕은 점점 연금기금과 뮤추얼 펀드 같은 금융기관의 수중에 집중되고 있다.

2) 성장의 정체

신자유주의가 1970년대 위기의 원인은 아니지만, 위기가 진행되는 가운데, 금융에 의한 〔이윤 총량으로부터의〕 공제액에서 그 〔위기의〕 효과가 지속되었다.

● 미국과 프랑스

프랑스는 신자유주의가 미치는 악영향의 특별히 명백한 예시를 제공하고 있다. 〈도표 8〉은 채권자에 대한 이자 지불과 주주에 대한 배당 이전 이윤율(—)의 일차적 추이를 보여 주고 있다. 도표에서 1970년대 이윤율의 하락과 그 회복을 볼 수 있다. 하지만 이러한 회복의 거의 전적인 이익이 금융수입의 형태로 돌아가게 되었다. 유보이윤율(--), 즉 (투자를 위해 자기 자금을 조달할 수 있는 기업 능력의 조건이 되는) 배당과 이자 지불 이후 이윤율은 아주 부분적으로만 회복되었다. (성장을 결정하는)

〈도표 8〉 프랑스의 이자 및 배당 이윤율과 자본축적률(비금융기업)

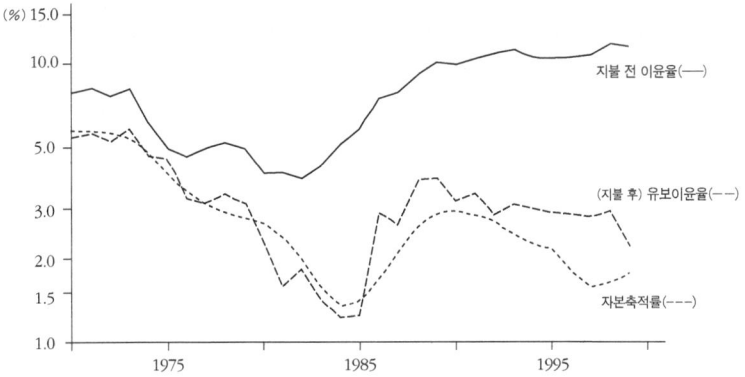

※ 축적률은 감가상각을 제한 고정자본스톡의 성장률이다. 이윤은 기업의 (자산에서 부채를 뺀) 기업의 자기자금으로 분배된다. 지불된 이자와 배당의 비중은 두 개의 시계열 (──), (−−−)의 차이로 측정된다(Duménil and Lévy, 2000).

자본축적률(---)은 거의 정확하게 유보이윤율을 뒤따르고 있으며, 전체적으로는 금융으로부터 추출된 이러한 이윤이 비금융기업으로 복귀하지 않는 것으로 보인다.

프랑스 경제의 경우에는 바로 앞 장에서 언급한 혼합경제라는 틀의 여러 측면들 중 하나를 구체적으로 보여 주고 있다. 이러한 체계들은 비금융기업 내에서 유지되는 이윤에 근거를 두고 있었다. 〔이러한 체계는〕 신자유주의의 도래와 함께 다른 세계로 진입하게 되었다.

이러한 운동은 더 일반적인 재편과정에 결부되었다. 1990년대 이후 프랑스의 기업들은 현대화와 집중화 과정을 결합시켜, (자기금융의 비율, 유보이윤으로 자금을 조달하는 부분이 1을 넘게 하면서) 채무를 갚는 데 전념하게 되었다. 이러한 조정과정은 성장을 위한 투자의 감소를 대가로 하는 것이었다. 〈표 2〉에서 보이는 것처럼 **더 큰 규모보다는 더 높은 수익성을, 그리고 성장보다는 합병**을 추구하였다. 이러한 과정에서 성장과

연도	1950~1959	1960~1969	1970~1979	1980~1989	1990~1999
미국	4.11	4.41	3.24	2.98	3.00
프랑스	4.54	5.71	4.10	2.37	1.72

출처 : 국민계정(BEA, INSEE)

고용의 엄청난 희생을 감수하여야만 했다.

미국에서도 마찬가지로, 신자유주의는 성장 및 축적체계와 동일시될 수는 없다. 미국에서 성장률은 1980년대와 90년대 동안 변동적이었는데, 그것은 이전 20년간의 성장률을 하회하는 것이었다(표 2). 미국의 성장률 축소는 프랑스보다는 덜한 편이지만 신자유주의적 기적은 어디에도 없었다.

• 제2의 신자유주의 충격에 직면한 일본과 한국

일본은 신자유주의 시기 이전에 보유하고 있던 자금조달구조 덕분에 1980년대 초 실질이자율의 상승 효과를 거의 받지 않았다. 자본시장의 실질이자율은 1980년대 내내 계속 상승했지만 기업은 은행시스템으로부터 특권적 이자율로 차입하여 자금을 계속 조달하였다. 그럼에도 불구하고 일본 금융은 변모하였으며, 금융구조는 점진적으로 국제적 금융에 얽매이게 되었다. 신자유주의의 두번째 충격이라고 묘사할 수 있는 거대한 변화가 1985년과 90년 사이에 발생하였다. 일본 기업들은 차입비용이 높은 신자유주의적 금융시장에 채권을 발행하여 자금을 조달하였고, 그것은 일본 기업들을 주식시장의 논리 속으로 끌어당겼다. 이러한 개방은 동시에 주식시장 버블을 자극하였고 정확히 버블이 발생한

10년 동안, 부동산 버블로 확장되게 되었다. 금융부문이 미국에서 수입된 모델로 계속 변모하였음에도 불구하고, 비금융기업들이 〔높은〕 금융 부담을 견딜 수 없다는 것이 곧 명백해졌다. 투기의 행복감에 젖어 있던 금융회사들은 1990년대 초의 버블 붕괴로 불안정하게 되었다. 그 이후로 일본은 위기로 접어들었다. 이 위기의 원인은 신자유주의였지만, 〔오히려〕 신자유주의적 세계화의 추구를 정당화하기 위한 주장으로 이용되었다.

오히려 주변부 국가라는 다른 정세 속에 있는 한국은 동일하게 전형적인 사례이다. 1997년까지 과거 10여 년 동안 이 나라는 일본의 번영기를 상회하는 기록적인 성장률을 나타냈다(마지막 경기후퇴가 1980년에 있었다). 한국은 일본과 다소 유사한 형태로 1980년대와 90년대 신자유주의에 대한 부분적 개방을 개시하였다. 지역 엘리트 일부는 신자유주의를 이 사회의 전통적 구조(**재벌**의 힘)를 약화시키는 수단으로 보았다. 1990년대 후반, 말 그대로 이윤을 고갈시킬 정도의 높은 자금조달 비용이 기업을 짓눌렀다. 신자유주의적 기준에 입각한 수익을 목표로 하여 유동성 투자의 이익을 위해 무섭게 떠도는 외국 자본이 점진적으로 국내로 흘러들어 왔다. 이러한 자본들은 동남아시아의 일반적 위기 속에서 취약성의 징조가 나타나자 철수하였다. 그 결과로 거대한 위기가 발생하였고, 그 위기는 IMF의 억압적 요구로 인해 심화되었다. 이러한 신자유주의적인 글로벌 자본주의 세계 내로의 진입이 낡은 발전 모델의 예외적인 성장 잠재력을 파괴하거나 한국이 경험해 보지 못한 거시경제적 불안정성을 만들어 낼지는 아직 판단하기 어렵다.

이러한 과정을 다음과 같은 방식으로 요약할 수 있다. 대부분이 미국의 금융인 국제금융은 다음과 같은 이중의 전략을 성공적으로 이끌어

냈다. ① (태평양 너머의 금융적 수익을 꿈꾸는 이들 국가의 일부 당국자들이 가담하여) 금융시장에 침투를 가능하게 하는 금융 규제완화를 얻어내고, ② 금융과 비금융부문 사이의 관계를 금융에 유리하게 바꾸었다. 신자유주의적 선전에 대립하는 것이 바로 이러한 비전이다(보론 3).

〈보론 3〉 신자유주의적 프로파간다에 대한 반론

성장과 발전의 관점에서 신자유주의는 이미 일본과 유럽에서 비참한 결과를 내고 있으며, 주변부에 대해서는 **말할 필요도 없다**. 신자유주의적 프로파간다는 신자유주의가 가장 진전된 국가인 1980년대와 90년대 미국에서 가장 강력한 성장이 나타났다는 것을 근거로 하고 있다. 이러한 주장들에 대해 다음과 같은 세 가지 근거를 들어 반박할 필요가 있다.

—미국의 과거 20년 사이의 경제성장률은 이전 30년 동안의 성장률을 하회하며, 제2차 세계대전 이후 첫 수십 년 동안 일본과 유럽이 기록한 비율을 하회함은 말할 필요도 없다(표 2).

—신자유주의는 적어도 미국 경제의 산물이며, 미국 경제가 기능하는 조건들을 변화시켜 왔지만 제도적 틀과 발전 메커니즘(국가의 역할, 금융구조, 사회보장의 범위 등등)이 매우 달랐던 국가들의 변화보다는 크지 않았다. 다른 국가들 내에서 조건들의 변화가 있었다면 신자유주의의 충격은 훨씬 더 폭력적이었고, 아직도 흡수되지 않았다. 이자율 상승과 은행 융자로부터 시장으로부터의 자금조달로의 대체(사실 암묵적으로 새로운 조건에서 차입)는 프랑스 같은 나라의 성장 능력을 상당히 감소시켰다. 그리고 일본을 위기에 빠뜨렸다. 이자율의 상승은 전통적으로 헐값의 은행신용으로 투자의 1/3을 조달하던 프랑스에게 제2차 세계대전 이후 거의 모든 투자를 자기금융에 의존하던 미국(그것은 현재도 변화하지 않았다)보다 훨씬 더 큰 영향을 주었다. 게다가 이런 식으로 일본과 한국이 감수하여야 했던 충격은 프랑스에 준 충격보다 더 지독한 것이었다.

—미국의 지배적 위치는 그들의 (선진 자본주의 국가들보다는 높을지라도 완만한 정도인) 경제성장의 성과라는 점에서 결정적이다. (1980년대에 시작한) 신자유주의의 20년 동안 미국은 꽤 특별한 성장 패턴을 보이고 있다. 달러의 강력한 힘은 대외수지상의 균형을 유지해야 하는 제약으로부터 미국을 자유롭게 한다. 신용에 의한 가계 최종수요의 촉진(소비와 주택)은 국내저축을 소진시킨다. 그때 해외저축이 대외적자를 통로로 하여 유입되며, 이러한 궤적이 지속될 수 있도록 한다. 이러한 경로는 현재 다른 나라에서, 심지어는 유로를 보유한 유럽에서도 이루어질 수 없다. 이러한 점에서 신자유주의는 이러한 특권이 세계 통화 지배에 부가된 것임을 증명하고만 있을 뿐이다.

---

3) 주변부의 참상

중심부에서 멀리 떨어진 곳일수록 신자유주의로 인한 피해는 더욱 확대
되어 나타났다.

• 제3세계의 외채

주변부(la périphérie)의 신자유주의는 **제3세계**의 외채위기로 인해 최초
로 출현하였다. 1970년대 주변부 국가들에 대한 [자금] 공급 결정은 경
제적 목표들에 부응하는 것이었지만, 동시에 공산주의── 현실 사회주
의 국가들 또는 게릴라──에 대항한 투쟁과 같은 더 강력한 정치적 동
기에 부응하는 것이었다.

이러한 위기의 주요한 원인은 1979년 이자율의 인상이다. 이 위기
는 채무국가들의 수출에 대한 선진 자본주의 국가들의 구조적 위기[의
영향]와 맞물렸으며, 원재료 가격의 붕괴 및 멕시코 같은 나라들에게 불
리한 원유 가격의 변동을 야기하였다.

위기는 1982년 8월 멕시코가 채무상환을 보증할 수 없다고 발표하
면서 시작되었다. 이러한 발표는 연쇄반응을 일으켰다(일 년 후에 27개
국이 채무상환기간을 연장하였다). 라틴아메리카 국가 4개국(멕시코, 브라
질, 베네수엘라, 아르헨티나)이 채무의 74%를 보유하고 있었다.

〈도표 9〉는 (세계은행의 정의에 따른) **발전도상국**들의 외채에 대해서
지불된, 인플레이션(미국의 물가상승)을 차감한 이자율[실질이자율]을
나타낸다. 1970년대의 음(-)의 실질이자율 이후 나타난 엄청난 상승폭
을 확인할 수 있다. 1980년과 2000년 사이 주변부 국가들은 1980년에
지고 있던 외채의 6배 이상을 상환하였는데, 최종적으로 4배 이상의 외
채를 껴안게 되었다(Toussaint, 2001). 이러한 과정의 또 다른 측면은 명

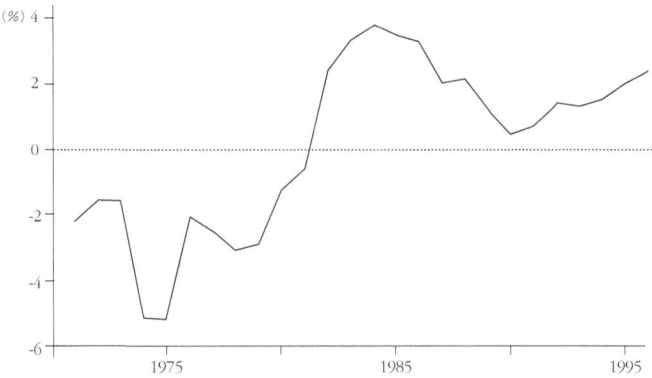

〈도표 9〉 발전도상국의 표면 실질이자율

(%) 4

2

0

-2

-4

-6

1975   1985   1995

※ 미국의 인플레이션을 감안한 총부채에 대한 이자액의 비율. 1996년 이후에는 이 시계열 데이터가 존재하지 않는다(자료의 출처는 IBRD, 1998).

백히 주변부 자원의 중심부, 특히 미국 은행으로의 유출이다.

　〈도표 10〉은 주변부 국가들의 외채상환이 성장에 미친 효과를 나타낸다. 그것은 1992년 달러로 표시한 주변부 국가들의 생산 수준인 동시에 주변부 국가들의 생산이 미국의 생산에 대해 갖는 구매력을 보여 주고 있다. 〔도표에 따르면〕 1996년의 주변부 국가들의 생산은 여전히 1979년의 극대치에 도달하지 못하고 있다.

● 금융자유화가 만병 통치약인가?

주변부 국가들은 그들의 외채로 인해 발생한 결과가 무엇이든 간에 자립적(autonome) 발전 전략을 방해하는 신자유주의의 확립에 의해 타격을 받았다. 국제자본의 유입으로 경제발전이 촉진될 수 있다는 생각이 첫번째 신화이다. 또 그에 못지않게 위험한 또 하나의 신화는 달러에 대한 환율변동의 안정성은 단기적으로는 외국인 투자가들을 안심시키고,

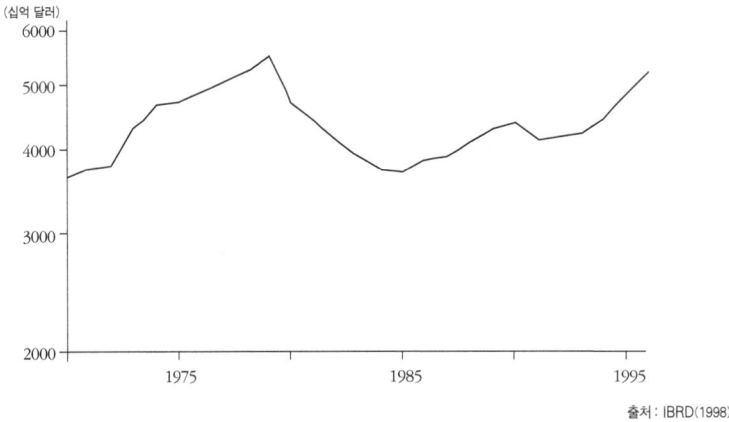

〈도표 10〉 발전도상국의 생산(1992년 기준)

(십억 달러)

출처 : IBRD(1998)

중기적으로는 경제발전과 양립하여 외국인 투자가의 활동을 촉진한다는 것이다. 〔하지만〕 높은 자본 비용, 환율의 안정성, 자본의 국제적 이동성의 결합은 반드시 자본이 유입된 국가의 성장을 해치며 새로운 거시경제적 불안정성을 만들어 내는 결과를 낳는다.

이 모든 메커니즘이 신자유주의가 결국 성장과는 관계없는 국제금융과 초민족기업으로의 이윤 강탈 과정이라는 견해로 수렴한다. 외국자본의 도래, 그것을 촉진하는 환율정책, 이전에 존재했던 성장을 위한 제도적 틀의 파괴, 그리고 신자유주의를 개시한 나라의 지배계급에 대한 국제금융시장의 개방은 초민족기업들의 투자로 예상되는 이익 이상으로 성장에 악영향을 끼친다.

〈도표 11〉은 브라질과 멕시코, 터키의 국내 총생산물의 성장을 나타낸다(표 아래에는 성장률). 약간의 차이를 제외하면 지난 20년간의 신자유주의의 특징은 신자유주의 이전 성장의 파탄이다. 명확한 단절이

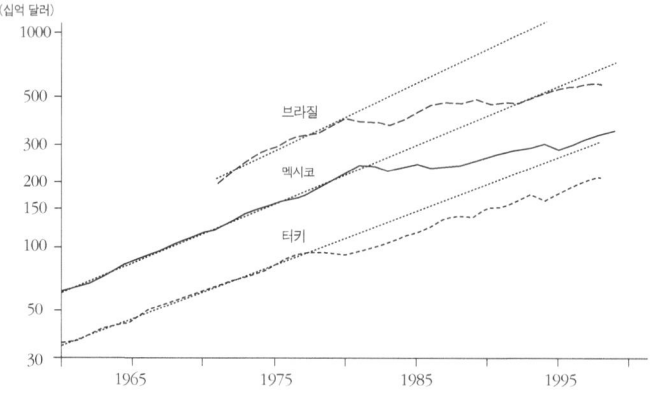

〈도표 11〉 브라질, 멕시코, 터키의 국내 총생산(1990년 기준)

※ 연간 평균 성장률은 다음과 같다. 브라질 1971~1980 : 7.3%, 1980~1998 : 2.4%, 멕시코 1960~1981 : 6.3%, 1981~1999 : 2.2%, 터키 1960~1977 : 5.8%, 1977~1998 : 4.3%(OECD, 2001).

발생하였다. 멕시코와 브라질의 경우에는 성장률이 2~3배 정도 감소하였고, 더 심각한 경기후퇴를 기록하였다. 느린 성장과 불안정성, 이것이 새로운 자본주의적 과정이 신자유주의〔를 따르는〕 우등생들에게 부과한 성과이다.

아르헨티나의 상황은 약간 복잡하다. 1980년대에 발생한 정체 국면 이후, 신자유주의의 영향력 강화가 1990년대의 전반기에 더 급속하게 경제 발전을 촉진했기 때문이다. 주지해야 할 것은 이러한 신자유주의 모델이 1990년대 말에는 빈곤과 무질서를 야기하면서 붕괴하였다는 사실이다.

4장_경쟁과 순환

이 장에서는 이전의 두 장에서 강조된 과정을 해석하는 데 필요한, 이론적이라 부를 수 있는 네 가지 것들 중 첫번째 것을 다룬다. 우회적인 방법이 중요하기는 하지만, 우리는 이론적 진술들에 따라서 점차적으로 현상들과의 관계들을 수립하려 할 것이다. 4장과 5장은 경제적 메커니즘들을 다루고, 6장과 7장은 역사와 사회에 대한 이론을 다룰 것이다.

더구나 마르크스주의가 학술적인 의미로 **경제학**을 포함하고 있는 다음 장에서 다룰 수익성(rentabilité)과 기술변화에 대한 이론은 의심할 바 없이 이 장의 대상이 되고 있는 경쟁 메커니즘과 경제순환에 대한 분석들에 기초하여야만 한다. 이 장에서는 『자본』에서 윤곽 지은, 그리고 현대 경제의 방법을 고려하여 정교화할 수 있는 이론적 틀을 만들어 내는 것이 목표이다.

1. 경쟁이론

경제이론은 일정 정도의 자유가 부여된 다수 개인들의 행동의 **독립성**과 이러한 행동의 필연적 **양립 가능성**을 동시에 이해하는 데 어려움을 겪는다. 각각의 기업들과 각 경영자들은 명확한 기준들을 가지고 구체적인 선택을 한다. 이러한 행위들의 결과가 무정부적이지 않은 이유를 이해하는 것이 경제이론의 곤란을 해결하는 길이다. 일반적으로 구매자가 시장에서 자신이 원하는 것을 발견하며, 공급이 시장에서 구매 능력이 있는 수요[유효수요]에 잘 적응한다는 것이다. 이러한 조정(coordi-nation)은 [그러한 조정을] 전개시키는 중앙화된 메커니즘과 제도들 전체에 대해 독립적으로 작동할 수 없다. 규칙을 보증하는 법률적이고 규범적인 틀 또는 중심적인 역할을 수행하는 국가가 존재한다(소유권에 대해서, 교환에 대해서, 노동에 대해서, 화폐에 대해서……). 하지만 애덤 스미스(Adam Smith)의 표현에 의하면, 시장의 보이지 않는 손은 꽤 잘 작동한다.

1) 고전파와 마르크스

• 자본이동과 이윤율

마르크스가 영국의 고전파(애덤 스미스와 데이비드 리카도)로부터 빌려온 첫번째 아이디어는 판매자가 공급과 수요의 불균형(déséquilibres)에 상응하여 가격을 수정한다는 것이었다. 그것은 마르크스와 고전파에서 공통적으로 드러나는 것이다. 예를 들어 상품이 과잉생산되었다면, 판매의 곤란은 생산자에게 가격인하 압력으로 나타난다. 만약 오직 이러한 메커니즘만 작동한다면, 다양한 부문 내의 어떤 [균등화되지 않은] 이윤율들에 도달하게 될 것이다. 특히, [이 상태가] 지속된다면, 자본가들은 이러한 차이에 대해 무관심할 수는 없다. 고전파 경제학자들의 표현에 따르면, 경쟁과정의 중심에 바로 두번째 메커니즘, **자본의 이동**이 있다. 극대 이윤율을 찾는 과정에서 자본가들은 이윤율이 상대적으로 높은 곳에 더 많이 투자하는 반면, 반대되는 상황에는 덜 투자하게 된다. 이러한 메커니즘은 수요에 대한 공급(생산 능력capacites de production)의 조정과 이윤율 불균형의 축소를 가능케 한다. 그것은 **다양한 부문의 이윤율 균등화로의 경향**을 원천으로 한다. 다시 말하자면, 그것은 **생산가격** 근처에서의 (자본에게 동등한 보수를 보증하는) 가격의 구심운동 경향이다. 그리하여 그것은 **자본주의적 경쟁법칙**을 모든 곳에 부과한다. 각자는 극대화를 추구하지만, 그러나 그 중간인 일반적 이윤율을 얻는다.

동등한 보수라는 의미는 물론 부문 간 평균적 수익률을 기준으로 한다. 자본들의 진입 또는 탈퇴는 어려운 상태에 있을지 모르는, 즉 효율 이하인 생산자의 소멸을 필연적으로 의미하는 것은 아니기 때문이다. 우리는 여러 가지 모델을 통해서 균등화되는 경향을 지속시키는 것은 가장 발전된 기업의 이윤율만이 아니라 전체적으로 고려된 부문들의 이윤율에 있다는 것을 보여 주었다(Duménil and Lévy, 1996).

그 다음으로 이러한 자본이동은 (무엇보다 〔그러한 이동성에〕 가장 노출된 국가들을 황폐화할 가능성이 있는) 유동적 자본의 국제적 운동과 구별되는 현실적 투자와 관계되는 것임을 지적해 놓을 필요가 있다. 이러한 메커니즘은 명백하게 재결합하는데, 그 이유는 세계적 규모에서도 한 나라에서 벌어지는 것과 같이 자본이 어떤 지역에 도입되거나 빠져나가면서 〔한 국가의〕 주민에게 중대한 문제를 일으키기 때문이다. 자본의 국제적 변동성은 자본주의 조절 메커니즘 —— 금융이 전유하는 —— 의 특징적 형태이다.

경쟁 메커니즘에 대한 이러한 매우 직관적인 분석은 지배적인 경제학의 몇몇 관점과 단절한다. 한편으로는 (생산수준과 판매가격을 결정하는) **기업**과 **자본가**라는 두 행위자 유형을 구별할 필요가 있다. 자본가는 여러 활동들 또는 기업들 사이의 이윤율을 비교하고, 자본을 이동시킨다. 즉 투자를 결정하고 생산 능력을 변화시킨다. 다른 한편으로 경쟁의 근본 원리는 (균형가격이 수요와 공급의 일치를 보증하는) 시장이 아니라 자본이동에 의한 수요에 대한 (공급의) 생산 능력의 점진적 조정이다.

• 균형 주위에서의 구심운동(gravitation)

서로 다른 부문의 이윤율이 균등화되고 공급이 수요와 일치하는 이러한 상태는 **균형**, 더 정확하게는 **장기균형**(자본의 이동은 완만한 과정이기 때문에)으로 묘사할 수 있다. 그리고 생산가격은 균형가격으로 고려될 수 있다. 경제는 이러한 균형과 절대 일치하지는 않지만, 이러한 **구심운동의 중심**으로부터 과도하게 벗어나지 못하게 하는 경향을 가진다.

경제가 이와 같이 균형 주위에서 구심운동을 하는 것은 마르크스와 마르크스주의자들이 자본주의 체계를 헐뜯는 데(모든 것이 잘 이루어지지 않으며 시장은 필연적으로 무정부적이다)만 중심을 맞추고 있다고 보는 사람들을 불편하게 할 수 있다. 하지만 균형 주위에서의 구심운동은 마르크스를 포함하는, 자본주의적 기능양식에 관한 고전파적 명제이다. 조정의 이러한 측면(경쟁이라는 구성요소)은 꽤 만족스럽게 작동한다. 심각한 결함은 다른 곳에 있다.

2) 경쟁 자본주의인가, 독점 자본주의인가?

이러한 경쟁이론은 많은 논쟁의 대상이 되어 왔다. 경쟁은 다만 이미 존재하지 않는 경쟁적 시장에만 적용될 수 있으며, 따라서 거기에서 독점 자본주의 이론이라는 결론이 나온다. 이미 언급한 힐퍼딩, 레닌, 그리고 배런과 스위지의 작업에 포스트케인스주의자들의 작업인 프랑스 공산당의 **국가독점자본주의론**(Boccara, 1974)과 조절학파의 **독점적 조절** 명제를 추가할 수 있다.

이러한 국가독점자본주의 이론들은 시장법칙의 종속 하에서 가격 설정에 관한 완전한 자유를 확보하지 못하는 소생산사회라는 비유를 반대하고, 자신의 총이윤을 극대화하는 부가적 자유를 갖고 있는 대규모 생산자의 모습으로 그러한 우화를 대체한다. 이러한 독점 자본주의 명제는 금융기관 규모의 동시적 성장을 고려하지 못하고 분석틀의 현대화를 중도에서 포기해 버렸다는 데 문제가 있다.

경쟁의 강도와 형태를 분석하는 데 있어서 결정적인 것은 대기업의 시장 점유율이 아니라 다른 자본가들이 연관된 행위에 참여하기에 충분한 자본을 확보할 수 있는 가능성이다.

특히 19세기와 20세기를 지나면서 기업 규모의 성장은 자본이동성에 관한 명백히 특수한 문제들을 제기한다. 투자자금 조달에 필요한 금액이 커지게 되었고, 장기간의 계약이 필요하지 않을 수 없었다. 그것이 대기업의 발전과 **현대 금융**——거대하고 강력한 금융기관이 조직할 수 있는 **대자본**——의 발전의 관계가 계속되는 이유이다.

대기업과 거대금융, 이 두 특징이 합해진 이상 자본의 이동 불가능성——특정한 장소에 가두어 버리는——에 의해 20세기 자본주의의 특징을 알 수는 없다는 것은 명백해진다. **따라서 자본의 이동성은 20세기 초반에 출현한 자본주의의 주요 특징이다.** 이러한 자본주의는 서로 다른 제도적 틀을 갖고 있음에도 불구하고 〔우리가 경쟁 자본주의 시대라고 흔히 부르는〕 이전 세기만큼 **경쟁적**이다. 이것이 제2차 세계대전 이후 지속되고 있는 부문 간 이윤율의 구심운동을 설명한다(도표 4). 이러한 진화는 신자유주의 하에서 계속되고 있다. 초민족기업들(multinationales)의 성장은 더 한층 막대한 규모의 자본량을 동원할 수 있는 새로운 금융의 출현에 병행하여 이루어진다.

공통의 값(une valuer commune) 주위에서 이윤율의 구심운동의 지속은 자본주의의 근본적 성격인 수익성 극대화에 대한 추구를 표현한다. 거대자본은 다른 곳보다 수익성이 높은 부문을 결코 지나치지 않으며 이러한 탐색이 이윤율 균등화의 원동력이다. 이러한 메커니즘의 교란(예를 들어 19세기 말 [구조적] 위기 기간 중의 트러스트의 발전)은 우연적 사건, 지체, 오류가 무엇이건 간에 새로운 제도 형태(현대 금융과 주식회사 같은)의 출현 조건을 만들어 냈다.

2. 불균형 미시경제학(Une microéconomie de déséquilibre)

미시경제학의 구상은 개별 행위자의 행동에 대한 기술(description)로부터 기인한다. 이러한 기술은 **고유한 의미**를 갖는 행동 및 [개인들의] 결정이 내려지는 환경과 동시에 관련된 특정한 원칙들에 근거를 두고 있다. 지배적 미시경제학은 균형이 지배적이며, 미래를 합리적으로 기대할 수 있는 틀 내에서의 (효용, 이윤의) **최적화**에 기초한 [개별 행위자의] 행동을 연구한다. [그에 비해] 스미스를 포함하는 고전파 경제학자와 마르크스는 **불균형** 상태 내의 **조정**(ajustement)에 기초한 대안적 미시경제학을 제안한다.

1) 불균형과 조정

행위자들은 몹시 불확실한 환경의 불균형(수요와 공급, 그리고 생산 능력과 생산 사이의 불일치, 균등하지 않은 부문 간 이윤율, 인플레이션 등등) 속에 자리 잡고 있다. 불균형을 포착하고, 그것에 대응하여 ——**조정**이라고 부르는 순차적 과정에 따라서 —— 행동을 변경한다.

(……) ⟹ 불균형의 발견 ⟹ 행동의 변경 ⟹ (……)

문제는 세 가지 주요 메커니즘이다. ① 자본가들은 최초의 불균형인 서로 다른 부문들 사이의 이윤율 격차를 확인하고, 이윤율이 더 높은 곳에 더 많이 투자한다. ② 공급과 수요 사이의 불균형에 대한 관찰은 가격의 수정으로 이어진다. ③ 기업가는 지속적인 초과 수요 또는 수요 부족 상태에 직면하여 생산을 늘릴 것인지 줄일 것인지를 결정한다. 다시 말하자면 투자로 생산 능력이 조정될 때까지 기다릴 수 없기 때문에 생산가동률을 늘릴 것인지 줄일 것인지를 결정하는 것이다(단기적인 상황에서, 기업은 판매기회를 확보하지 못했거나 재고를 축적하고 있다).

시장의 기능양식을 가능케 하는 화폐적인 메커니즘과 기관들에 의한 집중화과정과는 별도로, 개별 경제 행위자들에 의해 포착되는, 위에서 서술한 **불균형에 대한 분권화된 반작용**만이 분권적 경제의 작동이 가능하도록 해준다. 이것은 예상과 경제적 계산을 배제하는 것은 아니지만, 반복적인 행동, 과오, 정정 활동이 최종적인 조정(coordination)을 가능케 한다.

조정이라는 관점에서 개인들의 행동을 기술하는 것은 종종 **임기응변적**이라 비판받는다. 한 기업이 판매가 불가능해져서 생산을 줄인다는 것은 **임기응변적**이지만, 일반균형모델 내의 고정점의 존재가 증명되었기 때문에 실업이 존재하지 않으며 시장은 항상 청산된다는 것도 임기응변 아닌가!

만약 생산량이 (평균적으로) 수요에 일치한다면 공급과 수요가 같아지는 균형이 존재하기 때문이 아니라, 허구적인 행위자(경매인이라고 불리는)가 균형가격을 계산하여 공표했기 때문이다. 수요는 생산 이전에 알려지고, 행위자에 의해 정확하게 예상되는 것이 아니다. 그것은 생산자의 잇단 정정활동 덕택이다(비자발적 재고상품스톡 또는 구매자 전체를 만족시키는 데 부족한 생산 능력 하에서 확인되는 불균형에 대한 반응).

2) 일반적 불균형 모델

일반적 불균형 모델은 전체 행위자의 행동을 연결하고, 재결합할 때 얻어진다. 이러한 표현 속에서 **일반적**이라는 형용사는 **일반균형**이라는 표현 속에서 쓰이는 의미 —— 전체 변수들이 상호의존적(생산은 수입으로 파생된 수요, 화폐, 생산에서 유래하는 가격 등등의 함수이다) —— 와 같은 것으로 이해되어야 한다. 이러한 의미에서 **일반**은 **부분**과 대립한다.

불균형에 대한 관찰과 그에 따른 행동의 변경은 불균형을 어느 정도 정정하는 경향이 있지만, 균형으로의 즉각적인 복귀는 보장하지 않는다. 이러한 복귀는 경제 전체에 연루된 순차적 과정(un processus séguentiel)의 최종적 결과로서 점진적으로만 달성될 수 있다. 하지만 이 과정의 진행 중에 각종 **충격**이 발생하여 경제를 균형으로부터 멀어지게 하기도 하는데, 이는 결국 균형을 향한 수렴을 균형 부근에서의 구심운동으로 변화시킨다.

이상과 같이 행동과 그 틀이 설정되면, 문제는 모델의 속성들에 대한 수학적 연구다. 이러한 경우 주요한 문제는 수렴, 구심운동 또는 조정이라고 부를 수 있는 과정이 어떠한 조건 하에서 기능하거나 반대로 실패하는가에 대한 규정에 있다. 이를 위해서는 행동들에 대한 일정한 가정을 명백하게 할 필요가 있다. 즉 행위자들은 불균형에 대해 충분하게 반응해야만 한다. 하지만 과도하게 반응해서는 안 된다.

이러한 조건의 존재는 조정의 일반적 특성인데, 그 적용 범위는 경제이론으로 국한되지 않고 더 광범위하다. 예를 들어 자동차 운전사를 생각해 보자. 그도 자본가들처럼 불균형에 반응한다. 자동차가 도로 한편으로 미끄러질 때, 이러한 불균형을 정정하기 위해 핸들을 반대 방향으로 꺾어 눈에 보이는 상황에 대해 대응한다. 하지만 이러한 반응은 과대하지도 않고, 너무 약하지도 않게 신중하게 이루어져야만 한다! 운전을 배우거나 기업 또는 자본에 대한 관리를 습득하는 것 모두에게 있어서 말이다.

3. 위기와 경제순환

일반적 활동 수준(niveau général d'activité)의 불안정성, 즉 거시경제적 **불안정성**은 시장관계와 신용 메커니즘이 발전한 19세기 초에 전체적으로 맹렬하게 나타났다. 바로 마르크스가 목격한 시대이다. 하지만 『자본』에 어떤 일반적 원칙(거시경제적 관점, 화폐의 역할과 수익성의 중요성)이 있다고 하더라도 어떤 기술적(技術的) 요소를 넘어서는 [경제]순환에 대한 일관된 이론을 찾아낼 수는 없다. 문제는 충분한 이윤율을 동반하는 생산이며, 이러한 가능성이 위태롭게 될 때 위기가 발생한다(보론4).

2장에서 강조한 바와 같이, 모든 제도적 변화와 경제정책의 발전, [그리고 그에 따른] [경기] 변동폭의 완화에도 불구하고 생산의 이러한 흐름은 오늘날까지 자본주의의 특징으로 남아 있다. 변화한 것은 오직 용어법일 뿐이다. 현재는 이를 **경기순환**(cycle conjoncturel)이라고 부르며, 마르크스가 **파국**(krach)이라고 지칭한 바닥을 향한 격심한 불안정화 과정은 **경기후퇴**(recéssion)라고 부른다.

1) 규모의 (불)안정성 : 누적적 과정

경쟁 메커니즘 연구에 관련하여 도입된 불균형 미시경제학에서 흥미로운 것은 본질적으로 경제순환과 위기 분석으로 귀착한다는 점이다. 불균형 미시경제학을 통해 『자본』에서 제기하는 요소들 다수를 재발견할 수 있다.

순환에 대한 연구가 경제활동 수준에 관계된 조정의 두번째 측면〔조정의 첫번째 측면은 불균형에 대응하는 기업가의 과오 정정 과정이다〕에 기초하고 있다는 것이 일반적 생각이다. 경제활동 수준이 너무 낮은가, 정상적인가, 아니면 매우 높은 것인가? 생산은 증가하고 있는 것인가 아니면 축소되고 있는 것인가? 개별 부문이나 **부문 간 비례**를 다루는 것이 아니라 활동의 일반적(전역적) 수준인 거시경제를 다룬다. 우리는 이러한 문제를 규모에 관한 것이라고 부른다. 경쟁은 서로 다른 부문들 사이의 비례 결정에 관한 것이며, 규모는 이러한 비례〔라는 개념〕를 제외한 전체 생산에 대한 것이다(마르크스가 사용하는 **일반적**이라는 형용사는 이런 의미이다).

시장 메커니즘이 이러한 조정의 두번째 측면을 해결하는 수단은 아니다. 행위자 간의 상호의존관계들은 상승과 하락을 향한 누적적 운동의 근원이 될 수 있다. 이러한 과정에 대한 통제를 목표로 하는 제도적 장치(화폐정책에 의해 신용량을 할당하는 것이 그 현대적 형태이다)가 당연히 설치되어야 했다. 부문 간 차이와는 독립적이며 불완전하게 기능하지만, 전체적인 생산흐름의 특징은 확장과 수축, 과열과 후퇴의 반복이었다.

그래서 불균형 미시경제학은 거시경제적 균형의 **불안정성**의 관점에서 위기를 해석하려고 한다(Duménil and Lévy, 1996). 만약 거시경제적 균형이 안정적이면 경제는 정상적인 활동 수준 가까이에 있을 것이다. 만약 이러한 균형이 불안정하게 된다면 일반적인 활동 수준은 갑작스럽게 상승(과열)하거나 하락(후퇴)하게 된다. 경제 상태를 이해하기 위해 결정적인 요소는 어떤 주어진 시기의 수요 수준이 아니라 주로 불균형에 대한 행위자들의 반응을 이끌어 내는 단기에 나타나는 수요의 동태적 움직임이다.

이러한 누적적 과정을 지배하는 메커니즘은 다소 직관적이다. 몇몇 기업의 생산저하는 납품업자와 노동자의 수입에 영향을 주고, 따라서

〈보론 4〉 마르크스의 경제순환 분석

마르크스는 위기의 증거로 **과잉생산위기**를 이야기하였다. 왜냐하면 〔경제〕활동의 수축에는 전형적으로 재고 수준의 팽창으로 끝나는 〔경기〕 과열이 선행하기 때문이다. **일반적**이라는 형용사의 사용은 특정 부문에 고유한 과정상의 우발적인 사태와 이러한 위기를 명확하게 구별하기 위한 것이었다. 그러한 사태는 다른 곳에서 부분적 위기로 다루어진다(Marx, 1862, II: pp. 620~621). 이러한 일반적 위기는 **경제순환**의 단계들이다. "……현대 산업 가운데서 움직이는 경제순환, 즉 불황, 회복, 번영, 과잉생산, 파국, 정체, 불황."(Marx, 1894: Ch. 22, p. 27)

『자본』은 경제순환의 분석과 관련한 다수의 요소들을 포함하고 있다. 경기후퇴 이전에 발생하는 재고의 축적 이외에도 마르크스는 실업의 증대(**산업예비군**의 재형성)를 관찰하고, 화폐·금융 메커니즘에 상당한 중요성을 부여하였다. 그것은 가격, 임금, 이자율, 대부 및 화폐량 등의 경기변동을 자주 참고할 필요가 있다.

(이윤율의 역사적 경향과 독립적인) 주기적으로 수익성을 위태롭게 하는 두 가지 메커니즘이 제기된다.

—**자본의 과잉축적**. 축적에 뒤따른 생산의 증대는 취업 가능한 인구의 한계까지 고용을 촉진한다. 이러한 긴장은 임금의 상승과 그것에 대응하는 이윤의 하락을 낳는다. 그것은 기업에 더 제한적인 행동을 채택하도록 하고, 위기로의 반전을 유발한다.

—과열 상태에서 신용의 확대와 이자율의 상승은 기업이 지불하는 이자액을 증대시킨다. 신용 메커니즘의 긴장은 과열과 불안정성의 요인으로 나타난다.

마르크스는 위기를 임노동자의 과소소비로도, 부문 간 불균형(특정 부문의 과잉투자)으로도 설명한 바가 없다.

그들의 수요 각각에 영향을 준다. 초기의 생산 감소가 경제의 나머지 부분에 전달된다. 다양한 결과로 이어질 수 있는 누적적 생산과정이 시장에 자리 잡을 수 있으며, 이미 낮은 상태의 수요를 그보다 더 낮은 수요로 변화시킨다. 그리하여 규모의 안정성이 위태롭게 될 수 있으며, 경제는 경기후퇴(마이너스 성장률에 이르기까지 생산은 갑자기 축소된다)로 접어든다. 과열은 대칭적인 메커니즘으로 이해된다.

이러한 분석의 독창성을 강조해야만 한다. 경제이론 내에서 위기는 일반적으로 균형이라는 부적절한 관점에서 해석된다. 케인스주의적 이론에서는 수요의 부족이 노동과 생산 능력의 과소고용으로 이어진다. 그리고 신고전파이론에서는 시장의 불완전한 기능이 최적 이하의 균형으로 이어진다.

〔우리는〕앞 절의 경쟁 연구에서 묘사된 행동들로 순환을 모형화한다. 하지만 이러한 연구는 화폐를 추상하지 않고 화폐를 명시적으로 모델의 변수로 고려할 때 가능하다. 이제부터 화폐 메커니즘의 적어도 일정한 상을 제시할 필요가 있다.

2) 화폐와 거시경제적 안정성 조건들

화폐는 결코 다른 재화와 동일하지 않으며, 오래전부터 화폐의 창조는 다소 집중화된 특별한 규범들의 대상이 되었다. 2장에서 현대 자본주의 사회가 가지고 있는 화폐정책의 원리에 관해 다루었다. 인플레이션과 과열은 말하자면 이자율 상승과 같은 긴축정책으로 이어지고, 반대의 상황에서는 확장정책이 이루어진다. 여기에서 불균형에 대한 관찰이 관련된 행위자들의 반응으로 이어지고, 경제 내의 신용 및 화폐량과 관련된 결정에 적용되는 전형적 조정 도식을 확인할 수 있다. 불균형은 인플

〈도식 1〉 화폐의 (불)안정성

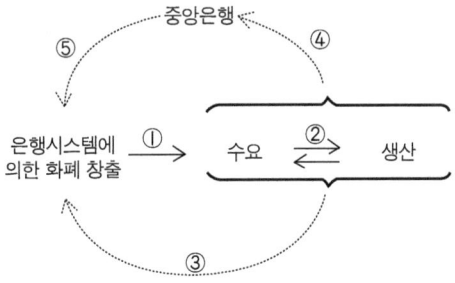

레이션과 활동 수준에서 나타나며, 그것은 화폐 창조를 요구한다.

신용은 (소비재 또는 생산재) 수요에 직접적으로 영향을 미친다. 왜
냐하면 신용이 행위자가 처분할 수 있는 구매력을 주기 때문이다. 따라
서 그것은 생산에도 영향을 준다. 이러한 영향은 〈도식 1〉의 수평축에
나타나고 있다(①과 ②). 신용량은 〔차입한〕 기업 행위자 수요의 결과
(③)임과 동시에 금융기관의 대출 능력 내지는 의지의 결과이다. 중앙은
행은 일반적 행위 수준과 인플레이션을 관찰하며(④), 이를 기초로 하여
은행들에 대한 신용정책을 조절한다(⑤).

일정한 조건들 하에서 이러한 메커니즘의 표상을 포함하고 있는
일반적 불균형 모델은 결국 정상적 거시경제적 활동 수준에 도달할 수
있다(이것은 경제가 이 균형에 근접하여 구심운동한다는 것을 의미한
다). 하지만 이러한 균형은 여러 가지 방식으로 불안정하게 될 수 있다.
기업이 자신들이 관측한 수요에 대해 생산량을 결정하는 행동을 변화시
키는 것만으로는 이러한 균형이 더 이상 확보되지 않는다. 또한 불안정
성은 화폐적이거나 금융적인 더 직접적 기원을 갖는다. 그러한 틀 속에
서 활동의 일반적 수준을 불안정화시키는 다양한 메커니즘(수익성을 감

소시키는 임금의 상승 또는 재고의 유지비용을 상승시키고 따라서 판매 곤란에 직면하여 강력하게 생산을 축소시키게 되는 이자율의 상승에 대응하는 기업의 행동 변화)과 관련한 마르크스의 근본적 직관(보론 4)을 발견할 수 있다.

화폐 메커니즘의 중요성은 아무리 강조해도 지나치지 않다. 화폐는 중립적이지 않지만, 모든 잘못이 필연적으로 화폐 탓은 아니다.

—가계 또는 기업의 차입 성향의 상승과 금융기관이 이러한 운동에 동조하는 성향(대출)의 상승은 화폐적 불안정화 요인이다(도표의 ①, ②, ③고리에 불안정(성)이 존재한다). 은행시스템의 (예를 들어 파산과 같은) 기능양식의 혼란은 마찬가지의 결과로 이어진다.

—인플레이션에 대한 화폐 당국의 반응은 안정화(요인)이다(재정정책으로 과열 또는 활동(수준)의 증가에 대응하는 투쟁을 벌이는 것과 동일하다). 실제로 일반적 활동 수준의 안정성을 보증할 수 있는 어떤 분권화된 과정도 존재하지 않으며, 화폐 당국의 개입이 없으면 우리의 경제는 거시경제적으로 불안정할 것이다. 즉, 끊임없이 과열되거나 붕괴될 것이다. 여기에서 화폐·재정정책을 통해 국가가 '시장경제'의 원활한 기능양식에 필수불가결한 행위자가 되는 케인스의 위대한 사상을 재확인할 수 있다(그 전체를 안정화시키는 ①, ②, ④, ⑤ 고리가 있다).

3) 경향적 불안정성과 순환의 항상성(permanence)

경기 상황에 반응하는 변동 이외에 반응 강도의 경향적 수정에 대해서 묻지 않으면 안 된다. 기업경영상의 진보는 확인된 불균형에 대해 더 신속하게 반응하는 것으로 표현되며, 특히 수요에 대한 공급의 조정 — 단기적으로는 생산(량)의 결정과 장기적으로는 투자의 결정 — 으로 표현된다는 것이 중요하다. 거기에 다수의 금융혁신이 신용의 동원을 가속화하거나 그러한 가속화의 증대와 동일하게 자금의 인출을 빠르게 한다는 점을 지적할 필요가 있다. 이러한 변화는 기업의 개별적 이익과 우리가 비례(proportion)라고 부르는 것에 대해서는 매우 효율적이지만, 이러한 반응들의 불안정화 효과(누적적 운동의 위험)는 규모의 안정성을 끊임없이 위태롭게 한다.

이러한 진화에 대응하기 위하여 집중화된 화폐 메커니즘이 개선되어야 하며, 임무가 수행될 수 있는 수준으로 확대되어야 한다. **엄격한 의미에서** 화폐정책의 역사적 진보는 제도와 법규상의 조정을 필요로 한다는 것을 이해해야만 한다(예를 들어 이것이 1980년대 초반에 실시된 반인플레이션 투쟁전략을 요구한 금융체계의 새로운 법규 제정의 의미이다). 이것이 제도적 또는 정책적 혁신이 일시적으로 규모의 안정성의 조건을 파괴할 수 있다는 것을 막지는 못하지만, 그러한 작용은 결국 조정적 역할을 하여야만 한다. 그것은 잠재적이거나 현실적인 무질서에 대한 변화를 촉진하는 요인이다.

불안정화의 요인이 되는 경영진보 또는 금융혁신, 그리고 그것에 상응하는 제도적·정책적 대응(그 이행의 지연과는 관계없이)의 이러한 영속적인 대결을 우리는 **경향적 불안정성**이라고 불렀다(Duménil and Lévy, 1996).

꽤 장기적인 관점에서 보면, 자본주의 시스템은 경제적 안정성이라고 하는 점에서는 그 역사의 진전에 상응하여 시스템의 성과를 근사적(approximatif)으로 유지하고 있는 특징이 있다. 따라서 2장에서 확인한 것과 같이(도표 3), 꽤 일정한 강도의 경기순환이 계속되고 있다.

4. 또 다른 이론들?

마르크스주의 또는 케인스주의에 영감을 받은 많은 좌파적 분석 속에서는 수요의 부족이 필연적으로 위기에 이르게 하는 자본축적의 주요 모순으로서 나타난다(보론 5). 다른 논자들은 위기를 (경쟁에서 기인하는) 특정한 부문에서 일어난 과잉투자의 효과로 본다. 이러한 과잉투자는 수요의 〔부문 간〕 비율에 대한 생산의 〔부문 간〕 비율의 불완전 조정을 일으킨다. 우리는 마르크스를 따라서 이러한 두 가지 해석이 일반적 위기에 대한 설명으로 적당치 않다고 본다.

1) 과소소비와 불비례

마르크스는 『자본』 2권에서 임금 저하의 결과로 인한 수요 부족으로 위기를 설명하는 것에 대해 강력하게 거부하였다.

> 위기가 지불 능력이 있는 소비, 또는 지불 능력이 있는 소비자의 부족으로 인해 생겨난다고 말하는 것은 동어반복이다. 자본주의 체계는 지불하는 소비와는 다른 소비양식을 알지 못한다. …… 하지만 〔만약〕 이러한 동어반복에 보다 심오한 정당성의 외관을 부여한다면, 사람들은 노동자계급이 그들이 생산한 것에 비해 너무 적은 부분을 받고 있고, 보다 큰 부분을 받아 결과적으로 그들의 임금이 상승하면 이 해악이 제거될 것이라고 말한다. 그에 대해서는 다음과 같이 말할 수 있다. 임금이 일반적으로 상승하며, 노동자계급이 연간 생산물 중에 소비용 부분의 보다 큰 부분을 현실적으로 받고 있는 시기는 언제라도 위기가 준비되어 있는 것이라고 말이다. (Marx, 1885 : Ch. 20, p. 63 / II권, 496쪽. 번역 일부 수정)

"모든 현실적 위기의 궁극적 원인은 항상 대중의 빈곤과 소비제한에 있다.……"(Marx, 1894: Ch. 30, p.145)는 유명한 마르크스의 주장은 이러한 점에서 커다란 해석상의 혼란을 야기한다. 실제로 이러한 주장은 단순하게 자본주의는 사회주의가 아님을 의미하는 것이다. 대중의 욕구를 충족시키는 것이 자본주의의 목표가 아니며 충분한 이윤율을 올릴 수 있는 생산을 하는 것이 문제이다.

어떤 경제학자들은 유명한 **재생산 표식** 내에서 위기 분석의 이론적 틀을 찾는다. 각각 자본재, 노동자의 소비를 위한 재화와 자본가의 소비를 위한 재화를 생산하는 세 부문(또는 주요 부문) 사이의 관계를 묘사한다. 만약 투자가 세 부문 중 한 부문에 집중된다면, 부문들 사이의 불균형이 발생할 수 있다. 마르크스는 이러한 일반적 위기와는 다른 부분적 위기의 가능성에 대해 언급하였다(보론 4).

부문들 사이의 비례의 조절은 자본의 이동성과 같은 경쟁 메커니즘에서 일어난다. 이러한 메커니즘은 수요에 대해 부문들의 공급(생산 능력)을 조정한다. 물론 우발적인 사건들이 일어나기도 하지만 이러한 메커니즘은 꽤 효과적이다.

2) 평균적으로 충분하지만 불안정한 수요

자본주의 생산에서 수요 문제는 그 구조적 부족에 있지 않다(수요는 장기적 과정에서 평균보다 적지 않다).

정의상, 총생산은 총수입(임금, 이윤, 이자, 지대, 조세의 총액)과 같다. 이러한 수입이 모두 지출됐다면, 생산물 전체(생활수단 또는 사치재 및 투자재)의 구입으로 이어졌을 것이다. 수입을 지출하는 것은 임노동자만이 아니다. 유복한 계급들의 지출 욕구는 직접적이든지 도우미 또

는 서비스의 형태이든지 간에 상당히 큰 부분을 차지한다. 국가는 역사
적으로 억제되어야 하는 높은 지출 성향을 나타낸다. 반복적인 방식으
로 [나타나는] 이러한 지출 제한의 **필연성이야말로** 자본주의에서 문제시
되는 것이다. 어떤 행위자는 자신의 수입의 일부분을 지출하지 않고 저
축할 수 있기 때문에(지출하지도 않고 그것을 사용할 다른 행위자에게 이
전하지도 않는, 예를 들어 채권을 구매하는), 구매력의 지출이 총수입과 자
동적으로 동일하게 되는 일이 일어나지는 않는다. 총수입과 지출 사이
를 근사적으로 일치시키는 것은 바로 신용량의 조절이다. (재정정책에
의해 보조되는) 화폐정책의 기능의 문제이다. 수요의 조절에 관한 문제
는 대칭적으로 다루어져야 하며 오로지 수요의 부족에 대해 의문을 제
기하는 것은 근거가 없다. 과잉 수요의 문제 또한 포함되며, 이러저러한

〈보론 5〉 영광의 30년과 포디즘

조절이론과 임금관계에 대한 기본 명제는 1929년 대공황과 영광의 30년에 대한 독자적인 분
석으로부터 출발하여 발전되었다(Aglietta, 1976). 이 분석은 1920년대 높은 수준으로 유지된
이윤율(또는 이윤 몫)이 수요부족을 일으켰으며, 대공황의 원인이라고 보았다. 전쟁 이후 노동
생산성에 임금이 맞추어지게 되자 이윤 과잉과 그 결과로 인한 수요부족의 치유가 가능해졌
다. 따라서 이러한 이론은 임금성장이 경제성장의 결정적인 요소이며, 높은 수준의 이윤은 자
본주의가 제대로 기능할 수 없도록 한다고 보았다.
이러한 명제가 오류임을 이해하기 위해서 〈도표 1〉(34쪽)을 보는 것으로 충분하다. 도표가 보
여 주고 있는 것처럼 이윤율은 실제로 1920년대에 새로운 성장 기간에 들어서지만 아직 취약
한 채로 남아 있다. 그리고 이러한 성장은 전쟁 이후까지 (1970년대 구조적 위기의 원인인 이윤
율 저하 기간 이전까지) 계속된다. 제2차 세계대전 말의 이윤율은 특별하게 높은 수준이고, 영
광의 30년 동안에도 성장을 저해하지 않고 그대로 유지되었다.
제2차 세계대전 이후 높은 수준으로 유지된 이윤율은 강력한 수요에서 비롯된 것이 아니라 20
세기 초부터 나타나 기술변화 조직에 우호적인 흐름의 성과였다. 시간당 실질임금의 성장(미
국의 경우 1945년과 75년 사이의 시간당 실질임금의 성장률은 2.5%였으며, 이와는 반대로 1869년
과 2000년 사이의 성장률은 2.1%였다)은 전쟁 이후 번영기의 설명 요소가 아니다. 반대로 기술
변화에 우호적인 흐름과 그 결과인 이윤율의 상승은 당시 사회운동의 활력과 정치 조건을 고
려할 때 임노동자의 구매력 상승을 매우 용이하게 하였다.

방향의 조정에 있어서 결정적 역할을 하는 것은 위에서 기술한 마지막 요소인 신용량의 조절이다.

수요의 문제는 화폐정책(또는 이전에 화폐정책을 대신하고 있던 것)의 불완전성의 문제이다. 앞서 설명해 온 것과 같이 이러한 불완전한 조정은 경제활동을 확장 또는 수축에 이르게 하는 **급속한 누적적 과정**의 형태를 갖는다. 안정화의 책임을 맡은 기관들은 대응자세를 갖추고 있어야만 한다. 그리고 그러한 대응자세는 해당 기관의 고유한 기능양식이 (특히 은행체계가 과도하게 〔경기상황에〕 영향받지 않는 등) 교란받지 않는다는 것을 전제로 한다. 만약 그렇지 않다면 1930년대와 같은 상당한 규모의 붕괴가 발생할 것이다.

5. 비례의 안정성과 규모의 불안정성

자본주의 경제는 안정적인가? 비례(부문 간 변수들의 상대적 값)와 규모 (총체적 경제) 사이의 구별은 이러한 논의에서 결정적이다. 안정성의 이러한 두 가지 각 측면은 경제적 동역학의 근본적 두 측면으로 귀착한다. 자본주의는 **비례의 안정성과 규모의 불안정성**이라는 정반대의 특징을 보여 준다.

비례와 규모에 관한 자본주의의 서로 다른 특징을 단순한 성과의 차이로 보는 것은 아니다. 불균형 미시경제학은 비례와 규모의 안정성 사이의 **적대**(antagonisme)와 대립이 존재하는 것을 이해할 수 있도록 한다. 비례에 대한 견고한 설명요소가 되는 시스템 그 자체의 특징이 규모의 취약성을 설명한다. 경제의 어떤 지점에서 수요가 하락했다면, 재고스톡이 확대되고 판로(販路)의 축소에 영향받는 기업들은 수요에 대한 공급을 조정하기 위해 활동 수준을 축소시킨다. 따라서 특정 산업에 있어서 재고상품스톡의 확대는 드물고, 일시적이다. 이러한 반응은 개별 산업의 관점에서는 유효하며, 이러한 유효성은 전반적 경제의 비례 수준에 영향을 미친다. 〔판매자로부터〕 구매자에게로 할당·배급되는 기간에서도 마찬가지이다. 그렇기는 하지만 바로 그러한 반응은 또한 시장을 특히 갑작스러운 〔경기〕 수축과 같은 규모의 (불)안정성으로 취급되는, 우리가 묘사한 누적적 과정으로 전환시키면서 **일반적 활동 수준**에 영향을 준다. 바로 그러한 국면 속에서 재고스톡의 일반적 확대를 관찰할 수 있다.

그리하여 공급과 수요 사이의 불균형에 대한 기업의 강한 반응은 비례에 관련해서는 효과적인 동시에 규모에 대해서는 위험성을 갖고 있는 것으로 나타난다. 이러한 특징들이 강력한 공급조정이 존재하는 자본주의가 비례에서는 안정적인 **동시에** 규모에서는 불안정한 이유를 설명한다. 이것은 때때로 하나의 모순으로 받아들여진 마르크스의 중심 명제들 중 하나이다.

5장_소득, 기술, 그리고 구조적 위기

이 장은 (소득, 기술변화, 이윤율과 같은) 경제이론의 전통적 영역에 대한 연구를 이어 나감과 동시에 마르크스주의적 관점으로부터 그러한 전통적 영역을 구체화하는 것을 목적으로 한다. 이러한 분석은 구조적 위기에 대한 분석으로 확장된다.

1. 소득의 이중적인 동역학

• 세력관계와 경제적 결정요인

수입의 형성이 항상 세력관계, 즉 행위자들 사이의 투쟁의 결과라는 사실은 마르크스주의적 분석의 중심에 있다. **정상** 임금(노동 또는 생산물의 수요와 공급의 균형을 보장하는 임금)이라든지, (부문들의 이윤율이 같아지는) 정상 이윤율, 또는 정상 이자율 같은 것은 존재하지 않는다. 임금과 이윤은 투쟁의 결과이다. 즉 임금으로 노동자가 요구하고 획득하는 것과 노동의 지속시간, 강도, 규율로 기업이 요구하고 획득하는 것이 있다. 이자율은 이윤 분할의 표현이며, 자본가들의 서로 다른 분파들(채권자와 그 밖의 사람들, 비금융부문과 금융부문) 사이의 세력관계가 표현된 것이다. 지대, 특히 절대지대는 그러한 세력관계를 표현한다(현대의 석유지대를 생각해 볼 수 있다).

이러한 수입 모두가 경제 상황의 영향을 받는다는 것이 사회적 폭력의 역할을 배제하는 것은 아니다.

—단기적으로는 경제순환의 반복적 국면들이 문제이다. 경제가 과열 상태에 있을 때 완전고용이 지배적 경향으로 나타나고, 임금의 상승을 자극한다. **과잉축적**의 메커니즘이다(보론 4). 경기후퇴의 상태에 있을 때는 실업이 확대된다(산업예비군이 재구성된다). 그것은 임금을 하락시키거나 상승을 완화하는 능력을 기업에 부여한다. 마르크스는 『자본』 1권 마지막의 중요한 한 장 전체를 이러한 **자본주의적 축적의 법칙**에 할애하였다. 이 법칙에 따르면 실업은 자본주의의 본질적인 조정 메커니즘이다. 왜냐하면 이러한 단기적인 불균형이 임금의 역사적 동역학의 통제에 열쇠 역할을 하기 때문이다. 또한 이자율은 이윤율과 같이 경제순환의 국면들에 민감하게 반응한다.

—또한 임금은 장기적으로는 이윤율의 장기적 경향에 좌우된다. 다양한 메커니즘, 특히 축적의 부진에 의한 이윤율의 저하는 임금상승의 가능성을 상당히 제한한다. 이것은 말하자면 과잉축적의 메커니즘과는 다른 측면의 반복이다. 또한 축적이 고용의 증가로 나타나는 정도는 많든 적든 노동 사용을 절약하는 기술변화의 궤도에 의존한다. 이윤율이 주요한 변수로서 나타난다.

임금상승을 위한 투쟁의 결과는 노동 가능 인구와 고용 사이의 관계에 좌우된다. 그럼에도 불구하고 노동량이 장기적으로 주어진 것은 아니며, 예정된 진화를 거치는 것도 아니다. 정치적 결정은 무시할 수 없는 영향을 끼친다. 피고용자와 사업주 사이에서 동요하는 중소생산자들의 임금소득자로의 신분적 변동, 이주노동자의 유입, 여성과 아동의 기업노동으로의 다소 거대한 유입, 그리고 노동지속 시간의 변동 등은 장기적으로 축적에 필요한 노동량의 점진적 조정에 중요한 요소이다(이러한 메커니즘 모두는 마르크스가 시초 축적에 대한 연구에서 분석한 것이다). 장기적으로 이러한 노동량은 외생적인 것이 아니라 대개 내생적인 것이다.

• 미국의 임금 동역학

〈표 1〉(36쪽)이 보여 주고 있는 임금의 장기적 운동은 이윤율의 운동에 의해 열려진 가능성을 기초로 한 투쟁의 효과를 반영하고 있다. 그와 같이 20세기 전반기 동안의 이윤율 상승과 1960년대 말 미국에서 유지되던 높은 수준의 수익성(34쪽의 〈도표 1〉)은 투쟁의 성과에 유리한 상황을 만들어 냈다. 게다가 이러한 상황은 대중운동의 고양과 (특히 현실 사회주의 국가들의 존재와 관련된) 양보를 행할 수밖에 없는 상황에 의해 크게 고무되었다. 하지만 1970년대의 위기는 〔그로부터 발생한〕 실업과 더불어 역사적으로 예외적인 성장에 종지부를 찍었다. 한층 더 나중에는 신자유주의의 폭력과 투쟁의 후퇴로 인하여 새로운 수익성 경향에서 발생한 이익 모두가 지배계급에 의해 관리되게 되었다.

신자유주의는 필요하다면 이러한 세력관계의 논리를 이자에 적용하는 것이 타당함을 분명히 입증하고 있다. 1970년대의 이자율 저하(50쪽의 〈도표 6〉)에서 채권자에 대한 차입자의 권리에 우호적인 활동을 지지하려는 정치적 의지의 표현을 보아야만 한다. 1979년의 이자율 인상은 단순한 시장 메커니즘의 효과(재정적자가 이자율 인상을 가져온 것이 아니라 그 역이다)가 아니라, 숙고된 결정이자 권력 행사의 효과이다. 기업에 유보된 이윤을 감소시키는 배당 몫의 증가(51쪽의 〈도표 7〉)는 주주총회 또는 이사회 내에서 기업의 주주와 관리계층 사이의 새로운 관계(새로운 **기업지배구조**)에서 생겨났다.

2. 기술과 이윤율의 경향들

마르크스의 주요 관심사 중 하나는 변수들(임금, 기술, 고용, 자본축적, 성장 등등)의 장기적 동역학을 다루는 것이었다. 이것들은 특히 『자본』 3권의 **이윤율 저하 경향**에 대한 유명한 분석에서 나타난다. 바로 이러한 수준에서 이 이론적 틀이 갖고 있는 흥미로운 지점들이 매우 잘 보이게 된다. 우선 그 의미를 이해할 필요가 있다.

1) 이윤율의 저하 : 마르크스의 테제

이윤율 저하 경향이라는 명제는 자본주의 내에서 기술변화의 형태, 즉 혁신과정의 곤란을 다루는 또 다른 명제에 기초하고 있다. 논법은 단순하다. 두 가지 반대되는 시나리오를 생각해 볼 수 있다.

　—기술이 변화하지 않거나 느리게 변화하면서 자본이 역사적으로 축적되었다면, 축적은 고용을 동반하였을 것이며, (국내적으로나 세계적 규모에서도) 이용 가능한 노동인구의 제한에 부딪혔을 것이다. 임금은 상승하게 되고 이윤율은 하락하게 된다.

　—반대로 노동과 자본에 대해서 〔모두〕 절약적인, 효과적이며 급속한 기술변화를 생각해 볼 수 있다. 이러한 기술변화는 이윤율을 개선한다. 게다가 임금에 대한 압박은 같은 생산성장률에 대해서 보다 약하게 된다. 축적으로의 왕도가 열리게 된다.

마르크스는 이러한 두 가지 시나리오 중 어느 것도 채택하지 않았다. 마르크스는 자본주의가 상대적으로 급속한 기술변화를 촉진하는 경향이 있다고 보았다. 하지만 이러한 변화는 편향되어 있으며 고도의 기계화를 함의한다. 노동을 절약할 목적으로 설비를 갖추지만 〔기계화로 인하여〕 필요자본량이 증가한다. 이것은 이윤율에 있어서 어떤 기적도 일으키지 않는다. 진정한 문제는 노동량의 축소만큼 필연적으로 요구되는 자본의 증가를 완화할 수 있는 새로운 기술을 발견하는 것이다.

이러한 혁신의 곤란(la difficulté d'innover)은 결과적으로 마르크스적 궤도(trajectoires à la Marx)라 부를 수 있는 성장 궤도를 만들어 낸다. **마르크스적 궤도**에서 실질임금, 노동생산성 및 자본-노동 비율〔자본구성〕은 증가하며, **이윤율은 저하한다**(다만, 이윤 몫〔잉여가치율〕은 일정하거나 증가한다). 그것을 나타내기 위해서는 이러한 변수들의 경제 전체 수준에서 상호관계 체계에 대한 분석을 해야만 한다. 마르크스는 그 분석을 끝까지 진행하지 못했지만, 가장 중요한 명제들을 정식화하였다 (Marx, 1894: Ch. 13~15).

2) 주요 변수들의 체계

변수들의 상호관계의 다수성에서 유래하는 복잡성이 있다. 이윤율은 기술과 임금에 의존하며, 임금은 고용에, 고용은 기술과 자본스톡에, 자본스톡의 성장률은 이윤율에 의존한다.

핵심적인 〔상호〕관계가 〈도식 2〉에 나타나 있으며, 그 변수들은 〈보론 6〉에서 소개되고 있다.

—기술과 임금이 주어졌을 때, 이윤율을 계산할 수 있다(두 개의 화살표 ①).

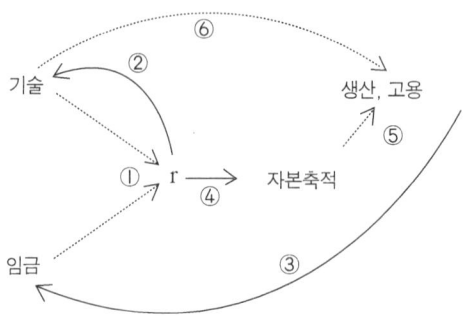

〈도식 2〉 경향들 : 변수들의 체계

　　―다른 기술들의 이윤율을 비교한 이후에 수익성이 높은 기술이 선택된다(화살표 ②). 이윤율의 계산에는 임금률이 들어가고, 그것은 기술 선택에 영향을 끼친다.

　　―고용의 성장이 임금률에 영향을 준다(화살표 ③). 임금에 대한 이론이 여기에서 작용한다.

　　―이윤율은 축적을 결정하는 변수들 중 하나이다(화살표 ④). 예를 들어 이윤의 일정 부분이 축적에 쓰이도록 되어 있다.

　　―자본축적은 성장과 고용을 결정한다(화살표 ⑤). 자본축적이 생산과 고용의 성장으로 나타나는 정도는 자본의 생산성과 자본-노동 비율〔자본구성〕로부터 유래한다(화살표 ⑥). 이러한 관계를 기준으로 구조적 실업을 이해할 수 있다(보론 7).

　　이러한 메커니즘을 분석하기 위해 기술변화 이론이 필요하다. 고전파와 마르크스의 텍스트 분석으로부터 나오는 (매우 단순한) 원리는 만약 현존하는 가격과 임금에서 초과이윤을 얻게 해주는, 즉 이윤율을 증가시키는 기술을 선택한다는 것이다. 여기에서 모델을 구성하기 위해 최소의 것(le minimum)을 추가한다. 즉, 연구개발(R&D) 활동의 결과

〈보론 6〉 경향들: 변수들과 변수들 간의 관계

두 개의 독립변수 **노동생산성** P_L, 즉 노동단위(노동자 또는 노동시간)에 대한 평균 생산의 비율과 **자본생산성** P_K, 즉 고정자본 단위에 대한 생산(자본에 대해서 말할 때 사용되는 **생산성**이라는 용어는 마르크스 이론에 따라서 노동 또는 노동의 일부분이 가치를 생산한다는 것과는 완전히 관계가 없다)이 이용되고 있는 기술[수준]이다. 이러한 유형의 계산에서는 원재료 및 건축물에 상응하는 고정자본을 언급하고 있지만, 그것은 스톡(생산투입요소와 최종생산물)과 금융 자산을 배제한 것이다. 또한 우리는 노동단위당 고정자본의 평균량을 γ로 표시하는데, 이것을 기술구성이라고 부르며, 그것은 이전의 두 변수로부터 도출된다.

$$\gamma = P_L / P_K$$

만약 자본스톡이 K라면, 생산 Y는 $Y = K \cdot P_K$이고, 노동량 L은 $L = K / \gamma$이다(〈도식 2〉의 화살표 ⑤와 ⑥). 또한 $Y = L \cdot P_L$이다.
임금 몫 ω는 생산과 단위 임금에 노동량을 곱한 wL의 비율이다.

$$\omega = wL / Y = w / P_L$$

이윤 몫 π은 임금 몫과 다음과 같은 관계를 갖는데, $\omega + \pi = 1$이다. 이윤율 r은 자본에 대한 이윤 Π의 비율이다. 이윤율은 두 개의 생산성과 임금의 관계로서 표현할 수 있다(화살표 ①).

[1] $r = \Pi / K = (Y/K) \cdot (\Pi / Y) = P_K \cdot \pi = P_K(1 - w / P_L)$

가치와 가격 또는 서로 다른 노동범주 사이의 구별을 고려하지 않는다고 하면, 마르크스의 변수들은 위에서 정의한 변수들에 직접적으로 연결된다. 잉여가치율 τ은 잉여가치의 임금에 대한 비율이다.

[2] $\tau = \Pi / W = \pi / \omega = (1 - \omega) / \omega$ [단, $W = wL$]

ω, π, τ 이 세 변수들은 분배에 대한 대안적 척도를 제공한다. 이윤율은 또한 다음과 같이 쓸 수 있다.

$r = \Pi / K = (\Pi / W) / (K / W) = \tau / \gamma'$

여기서 γ'는 임금 총량에 대한 자본의 비율을 나타낸다. 그것은 자본구성의 또 다른 척도이다.

[3] $\gamma' = K / W = 1 / [(Y/K) \cdot (W/Y)] = 1 / P_K \cdot \omega$

마르크스처럼 잉여가치율과 자본구성을 언급하면서도 [동시에] 임금 몫과 자본생산성[과 같은] 개념]을 사용할 수 있다(등식 [2]와 [3]은 이 변수들이 등가임을 보여 준다). 만약 잉여가치율 τ (또는 ω, π)가 일정하다면, 자본생산성의 저하는 자본구성의 상승과 동일하다(등식 [3]).

로 나타나는 혁신(새로운 방법)이 무작위적으로 출현한다(고전파-마르크스적이고 진화주의를 따르는 기술변화의 스토캐스틱stochastique한 동역학 모델이 있다. Duménil and Lévy, 2003)

이러한 분석의 기본적인 메커니즘은 기술변화이지, 수요형성의 규칙이 아니다(4장). 이것은 불충분한 임금이 축적을 제한한다는 조절이론(78쪽의 〈보론 5〉)과 포스트케인스주의적 모델(Lavoie, 1992)과 같은 몇몇 마르크스주의적 해석과의 근본적 차이이다.

이리하여 특정한 가정 아래서 우리는 마르크스적 경향(tendances à la Marx)을 재생산하는 궤도를 얻을 수 있으며, 그것은 〈도식 2〉의 변수들을 연결하는 체계 내에서 형성된다. 이러한 궤도를 따라서 자본과 실질임금, 생산과 고용, 자본구성은 증대하며, 이윤율과 자본생산성은 하락하고, 또한 이윤 몫은 안정화되는 경향을 보인다. 이러한 결과는 혁신의 출현과 관련된 특정한 가정에 의존한다.

〈보론 7〉 위기와 실업

1975년부터 1985년 사이의 유럽의 구조적 실업의 형성이 〈도식 2〉의 화살표 ④, ⑤, ⑥에서 나타나고 있다. 이윤율 저하는 축적률을 감소시키고(화살표 ④), 그것이 고용성장을 좌우한다(화살표 ⑤). 기술변화는 이러한 속도 감소의 조건이다(화살표 ⑥).

〈보론 6〉에 사용된 기호를 사용하고, 변수 x의 성장률을 $\rho(x)$로 표시한다면, $L = K/\gamma$이고, $\rho(L) = \rho(K) - \rho(\gamma)$를 도출할 수 있다. 이를 통해 축적 속도의 둔화($\rho(K)$의 저하)가 고용성장률($\rho(L)$) 감소의 주요 원인, 즉 유럽이나 미국의 구조적 실업의 원인이라고 해석할 수 있도록 해준다. 이윤율의 하락이 축적둔화의 주요인인 것처럼, 바로 축적둔화를 실업의 근본 원인으로 보아야만 한다.

사실 구조적 실업이 밀어닥친 10년 동안 자본-노동 비율 γ은 이전보다 느리게 성장했다($\rho(\gamma)$는 더 취약했다). 그것은 축적둔화 감소의 효과를 감소시키는 효과를 갖는다. 기술변화 리듬, 즉 자본-노동 비율 성장률의 차이는 미국과 유럽 사이의 실업률 격차를 설명한다. 이 비율이 두 지역에서 하락했음에도 불구하고, 미국에서보다 유럽에서 더 높게 유지되었다. 바로 그 요인 — 자본-노동 간 대체의 속도가 유럽에서 훨씬 높았다는 것 — 이 유럽에서 실업의 충격이 더 심각했고 실업이 더 지속성을 가졌다는 사실을 설명한다.

---

3) 혁신의 곤란

마르크스는 『자본』 3권 13장 초반부에서 잉여가치율이 일정한 가운데 자본구성이 고도화되는 것을 이윤율 저하의 원인이라고 말하고 있다. 우리는 마르크스의 직관을 **혁신의 특성과 연관된 명제**로 해석한다. 혁신은 비록 착취율이 일정하다고 하더라도 흔히 (그 반경향들에도 불구하고, 다소 장기적으로는) 이윤율을 저하시키는 일정한 특징적 성질을 가지고 있다. ① 수익성 있는 혁신이 이루지기가 상대적으로 어렵다. ② **사전적 인** 편향이 존재한다. 즉 노동절약적이지만 더 많은 자본을 요구하는 새로운 기술을 발견할 확률이 매우 크다. 수익성은 있지만 평균적으로 자본생산성은 저하되는 혁신이 실현되는 것이다. 이러한 특성은 기계화의 특성과 대응하는 것이다. 노동자의 수를 줄이는 매우 수준 높은 기계를 생각해 볼 수 있다. 하지만 투하자본은 대폭 증가하게 된다. 기계 가격의 저하와 조직의 진보[관리의 진보]가 기계 사용의 수익성을 보장하려면 상당한 시간이 필요하다. 예를 들어, 상당한 비용과 규모를 가진 초기의 컴퓨터를 생각해 볼 수 있다.

〈도표 1〉(34쪽)에서 나타나는 이윤율 저하의 두 국면은 이윤율의 장기적 동역학에 있어 이러한 곤란이 갖는 무게의 표현이다. 이러한 동역학은 마르크스적 기술변화(changement technique à la Marx)의 성격, 특히 자본-노동 비율의 상승(35쪽의 〈도표 2〉)에 기초를 두고 있다. 국면 ①은 기업 규모가 성장하면서 미국 경제의 기계화가 강화되던 최초의 기간에 상응한다. 이러한 성격은 국면 ③ 과정에서도 지배적이었다.

또한 이윤율의 역사적 동향을 나타내는 곡선은 자본주의가 몇십 년 동안 이러한 곤란으로부터 빠져나갈 수 있었다는 것도 보여 준다. 자본주의는 이것에 의해 1세기 이상 거의 일정한 경향을 유지할 수 있었다.

이러한 [궤도의] 수정은 우리가 뒤에서 볼 것처럼 구조적 위기와 그에 뒤따른 중대한 [자본주의적] 변용의 대가로 작동하게 되었다.

3. 구조적 위기와 반경향들(contre-tendances)

• 구조적 위기

이윤율의 하락 또는 약화와 위기 사이와의 관계는 『자본』 3권의 중심적 테마이다. 일반적 관계는 다음과 같이 명확하게 제시된다.

"다른 한편으로 (예를 들어 이윤율과 같은) 총자본의 가치증식률이 자본주의적 생산을 자극한다면(자본의 가치증식이 자본주의적 생산의 유일한 목적인 것과 마찬가지로), 이러한 비율의 하락은 독립적인 새로운 자본의 구성을 느리게 할 것이며, 자본주의적 생산과정의 발전을 위협하는 것으로 나타날 것이다. 또한 과잉생산, 투기, 위기를 촉진하며, 과잉인구를 동반하는 과잉자본으로 이끈다."(Marx, 1894 : Ch. 15, pp. 254~255 / III권 상, 290쪽. 번역 일부 수정)

마르크스는 우리가 **구조적 위기**라고 부르는 것을 묘사하였다. 특히 성장 속도의 감소, 거시경제적 불안정성의 증가와 금융적 혼란을 포함하는 전체적인 통제불능의 상태이다. 이윤율 저하를 이러한 다양한 요소들과 연결시키는 메커니즘을 모델화할 수 있다(Duménil and Lévy, 1996).

〈도표 1〉에서 나타나는 이윤율 저하의 두 기간 ①과 ③은 19세기 말과 1970년대(2장)의 구조적 위기로 이어졌다. 이것이야말로 이 장에서 도입한 분석적 틀의 범위를 나타내는 주요 사례라고 할 수 있다. 1929년 대공황은 수익성 회복 국면에 발생한 것으로 성격이 다른 것이다. 이 대공황은 **19세기 말의 위기를 탈출하는 위기**라고 볼 수 있다.

● 반경향들

마르크스는 이윤율 저하에 대한 반경향들을 묘사하기 위해 〔『자본』 3권의〕 한 장을 할애하였다. 사실상 이윤율 저하는 일련의 자본주의적 변환을 일으키며, 그것은 〔저하〕 경향을 저지하는 효과를 낸다(또는 저하된 수익성에 적응하는 체계를 만들어 낸다).

미국의 역사는——마르크스가 예견하지 못했지만 역사적으로 중요한 메커니즘을 명확히 하여 그 내용을 다시 정의해야 하기는 하지만——이러한 분석을 정당화한다. 이윤율 저하와 연결된 두 번의 구조적 위기는 세력관계와 자본주의의 제도적 변환의 조건을 만들어 내었다. 두 구조적 위기의 경우, 19세기 말 이후와 20세기 말 이후 새로운 제도적 형세(합병과 거대 금융기관의 형성)와 관리의 진보(새로운 조직형태) 및 새로운 기술의 출현(20세기 초 일관작업공정과 20세기 마지막 20년 동안 나타난 정보기술)을 결합하였다. 따라서 이윤율 하락 경향 속에서, 2장과 3장에서 묘사한 자본주의 변이의 주요한 원리가 드러났다.

조금 단순화하면, 관리(gestion)의 진보(우리는 이 용어를 광범위한 의미로 사용한다)는 이윤율 저하의 주요한 반경향을 나타낸다. **노동의 과학적 조직화**와 그 행위자인 관리직과 사무직, 테일러주의와 일관작업공정이 그런 진보의 전형적인 실례이다. 일관작업공정은 확실히 기계화를 표현하지만, 〔동시에〕 노동의 속도를 증대시키는 방향으로 기계가 중단 없이, 특히 집약적으로 사용된다. 자본-노동 비율이 급속하게 증가——이윤율에 부정적인 결과를 야기하는 전통적인 의미에서 기계화——하는 대신에, 일관작업공정은 이러한 비율의 상승을 완화한다(36쪽의 〈표 1〉과 35쪽의 〈도표 2〉의 ② 국면). 기계는 노동의 탐욕스런 포식자가 된다. 또한 20세기 마지막 20년 동안(④ 국면) 새로운 정보 통신 기술은 관리의 효율을 증대시키고 새로운 수익성의 경향을 나타내는 데 기여하였으며 특히 정보 취급 및 수집 비용을 크게 줄이고 커뮤니케이션[의 발전]을 가속화하였다.

4. 불균형과 사후적 정정(correction)의 동역학

경제적 메커니즘과 세력관계의 미묘한 조합 이외에 이 장에서는 앞서 예시했던 불균형과 사후적 정정의 동역학의 부가적인 새로운 측면들에 대해서 해명했다. 경쟁 메커니즘에서 경제순환으로 이행하는 동시에, 위기의 형태(경기후퇴)를 취하는 조정 불가능 상태의 증대를 볼 수 있었다. 거시경제적 상황에 대한 통제는 중앙화된 메커니즘들의 활동을 가정한다. 이러한 메커니즘은 시장 메커니즘과 경쟁을 통제하는 제도들의 설정보다도 어려웠다.

　기술변화와 임금의 동역학은 우리를 한층 더 증대된 차원의 과정에 직면하게 한다. 이러한 과정은 구조적 위기와 같은 또 다른 유형의 위기를 가져왔다. 자본주의는 이윤율 하락의 국면 동안에도 기능할 수 있다. 수익성의 축소는 행위자의 행동을 수정시킨다. 이러한 결과는 (특히 안정성과 성장의 관점에서) 중요하다. 하지만 몇십 년 동안 지속되는 이러한 운동은 구조적 위기, 즉 극도의 혼란으로 이어진다. 정정은 오래 걸린다. 왜냐하면 이러한 정정이 소유형태와 생산조직에 영향을 주면서 자본주의의 심오한 변환을 요구하기 때문이다. 다시 한번 자본주의는 불균형의 우위와 **사후적** 정정이라는 동일한 원칙에 따라 이 문제를 조절할 것이지만 그 비용은 상당한 것이 될 수 있다.

6장_사회와 역사에 대한 이론

마르크스주의는 경제학 이외에도 인간사회와 그 역사적 동역학에 대한 전체적인 이론을 포함하고 있다. 이러한 이론을 **역사유물론**이라고 부른다. 마르크스는 근본적인 위치에 경제적 관계들——거기에서 출발해야 하지만, 그것으로 한정될 수 없는——을 놓고, 역사를 해석한다. 『자본』이 〔경제적 분석에〕 중요한 요소들을 제공하지만, 이 분석은 마르크스의 정치적 저작들에 의거하고 있다.

이 이론에 대한 설명은 다음과 같은 세 단계를 통해 진행될 것이다.

——이 장은 기본적으로 마르크스의 분석을 따른다. 생산양식, 특히 자본주의적 생산양식과 자본주의를 계급사회로서 특징짓도록 하는 가치와 착취, 자본주의 계급들, 국가 및 이러한 다양한 요소들의 역사적 동역학(변화는 어떻게 사고되는가)과 같은 마르크스의 사고방법을 구조화하고 있는 주요 개념들을 사용한다. 이러한 모든 개념과 메커니즘은 논쟁의 대상이 되어 왔지만, 그러한 개념과 메커니즘의 전체성을 고려하여 체계를 형성하는 것으로서 본다면 우리는 이 분석이 제공하는 분석틀을 〔이제까지〕 넘어선 적이 없다고 평가한다.

——갱신(mise à jour)과 **수정**(révision)은 이후의 장들에서 이루어진

다. 다음 장들에서 이루어지는 논의는 마르크스의 저작이 나온 지 한 세기 반 이후의 자본주의의 변이들에 의해 규정되는 근본적 측면들 —— 계급구조와 소유관계의 형태 변이, 특히 관리직 증대의 중요성 —— 에 관계되어 있다.

—이러한 조정(ajustement)을 따라야만 경제학과 결합되는 이러한 사회와 역사에 대한 이론의 잠재적 설명 능력 전체를 동원하여, 우리가 **주요 권력형세들**이라고 부르는 연속적 사건들에 대해 8장에서 해석할 수 있게 된다.

1. 자본주의적 생산양식

1) 생산수단의 소유

• 생산관계, 계급, 그리고 국가

사회에 대한 마르크스주의적 이론의 중심 개념은 사회의 역사적 단계로서 **생산양식** 개념이다. 하나의 생산양식은 **생산관계**의 형세(configuration)에 기초를 두고 있다. 이러한 관념은 ([생산]도구, 기업 등등[에 대한]) 소유관계, 지배종속관계(노동자는 임금노동자인가, 농노인가, 노예인가? 노동자는 한 고용주부터 다른 고용주로 자유롭게 이동할 수 있는가? ……), 세력관계(누가 지배하고, 누가 실행하는가? 어떤 규칙에 의해서인가? ……), 직무분할(기업소유자의 직무는 어떤 것이며, 종업원의 직무는 어떤 것인가?) 및 수입형성(지대, 임금, 이윤, 이자……) 등등을 포함한다.

생산관계 내에 개인들이 자리 잡는 방식에 따라 계급이 정의되고 생산관계와 계급들 사이에는 대응(homologie)과 조응관계(correspondance)가 형성된다.

피지배계급에 대한 지배계급의 권력 및 지배계급과 동일한 처지에 있는 사람들에 대한 그들의 권리와 의무는, 국제적으로 못지않게 국내적으로도, 개인의 자격으로서는 부분적으로 행사될 뿐이다. 이러한 지배에 대한 집단적 행사와 상호적 권리 주장은 제도들(또한 **장치**라고 말할 수 있는)의 고유한 **국가적** 성격을 규정한다. 이러한 제도들은 더 일반적으로 질서와 사회적 협력의 유지를 보증한다.

자본주의적 생산양식 내에서, 생산수단(기업)에 대한 사적 소유가 생산관계와 관련된 중요한 점이다. 자본가들은 생산수단을 소유하고, 노동자들(프롤레타리아들)은 노동력만을 소유하고 임금을 얻기 위해 판매한다. 더 정확히 말하자면, 자본주의적 소유는 생산수단을 처분(판매하고 구매하는)할 수 있는 능력과 그것을 운용하고 관리하는 능력을 포함한다. 법률적 의미에서 소유는 첫번째 측면[생산수단의 처분]에 대응한다. 그것은 기업의 경영에 개입하는 정도가 어떠하든 기업을 소유한다는 사실이다. 이러한 소유는 특정한 권리들을 개방한다(관리가 위임되어 있다면 관리를 통제하는 권리, 수입에 대한 권리……).

2장에서 접한 것처럼 현대 자본주의에서는 소유권 행사의 대부분이 주식회사의 틀 속에서 행해진다. 주주의 권리는 은행 또는 투자기금과 같은 금융기관에 집중되고, 경영은 임금노동자에게 위탁된다. 따라서 이것은 자본주의적 생산양식의 기본적 생산관계로서 자본주의적 소유관계의 분리(éclatement)이다. 실제로 ① 주식회사의 출현, ② 법적 소유권과 경영의 분리, ③ 노동자와 그의 노동 사이의 거리의 증대와 같은 세 가지 측면을 나타낸다. 소유와 경영, 생산적 노동이라는 생산관계의 세 가지 구성요소가 각각 영향을 받고 있으며, 동시에 그것들의 상호관계가 변용되고 있다.

• 자본

생산수단의 소유에 대해서 말해 왔지만 자본가가 소유하고 있는 것은 자본이며, 마르크스가 자신의 주저의 제목을『자본』이라 한 것도 우연은 아니다. 때때로 이윤을 실현하려는 목적으로 자본가가 선대한 일정량의 금액을 자본으로 정의하기도 한다. 마르크스는 자본을 **자기증식운동을 하는 가치**로 엄밀하게 정의하였다(따라서 가치가 어떤 것인가를 먼저 설명하여야 한다). 이러한 분석은『자본』2권에서와 같이 간혹 꽤 기술적인(technique) 표현을 사용한다. 거기에서 자본은 기업 내에서 (출납창구에서는) 현금 형태, (점포에서는) 상품 형태, 고유한 의미에서 생산수단(원재료, 노동력, 기계 및 건물)의 형태를 동시에 그리고 차례차례로 취한다. 한 형태에서 다른 형태로의 자본의 이러한 이행('운동'으로 정의)은 마르크스가 **자본의 유통**(circulation du capital)이라고 부른 것에 기초한다.

자본 개념에 대한 이러한 분석은 **회계**(comptabilité)의 세계로 우리를 이끈다. 회계는 여러 가지 형태(화폐, 상품, 공장 내의 생산수단 및 공장 그 자체)로 존재하는 자본량에 대한 기술(記述)이다. 그것은 대차대조표상의 대변〔자산〕이며, 거대한 부채량을 나타내는 대변〔부채〕인 자본 선대의 원천, 즉 차입이나 주식 발행 또는 기업 내의 이윤 유보이다. 우리는 개념들로부터 자본량 또는 선대된 자본에 대한 이윤의 비율인 이윤율과 같은 변수들에 대한 정의로 조금씩 나아가고 있다. 경영관리자의 실제 업무를 향한 교량이 설치되고, 우리는 경험적 세계의 문 앞에 서 있다.

2) 자본주의적 착취와 그 구조적 성격

• 생산적 노동의 착취

마르크스는 자본주의적 **착취**라는 개념을 통해 임금소득자 중에 (말하자면 넓은 의미에서 관리 업무에 대치되는 생산에 직접 종사하는) **생산적 노동자** 범주의 성과를 생산수단의 소유자인 인구의 일부분이 향유하는 더 정확한 현실을 말하려고 하였다. **이것은 정의**(définition)**이다.** 이러한 착취는 명백히 성별, 연령, 국적, 문화 등등과 관련된 다른 여러 가지 종류의 착취 중 하나에 지나지 않는다. 지배계급은 자신의 수입과 권력의 기초가 되는 타인의 노동의 과실에 대한 영유를 정당화하기 위해서, 자신이 그 행위자로 참여하는 사회적 기능들(자본 선대와 자기 자신이 참여하는 한도 내에서의 경영관리)을 활용할 수 있다. 하지만 생산수단의 독점에 기초한 사회적 관계의 본질은 결코 변화하지 않는다.

자본주의는 노동을 시키기 위해 노동자의 **노동력**을 구매한다. 이 능력으로부터 자본가는 노동자가 그의 임금으로 구입할 수 있는 상품들만을 포함하는, 마르크스가 묘사한 가치(노동력의 가치) 이상의 노동을 더 뽑아낼 수 있다. 이것은 자본가에 의한 생산수단의 독점을 가능하게 하는 세력관계의 문제이다. 노동은 10시간 동안 이루어지지만, 노동자가 구입하는 상품들을 생산하는 데에는 5시간 만이 필요하다. 이러한 5시간의 차이를 **잉여가치**(plus-value), 즉 **잉여노동**(surtravail)으로 정의할 수 있으며 이것이 바로 자본가들 수입의 원천이다.

마르크스의 증명에서 본질적 측면 중 하나는 이러한 (잉여가치에 대한) 영유가 노동력의 구입을 포함해 정상가격(prix normaux)에서 이루어지는 모든 거래의 규칙과 양립한다는 것이다. 여기에서 착취가 시장의 정상적인 기능양식의 법칙을 위반(정상임금 이하로 지불한다든지 정상가격 이상의 가격을 받는다든지 하는)하는 것이 아니라 표현하는 **구조적** 성격을 갖는다는 것이 (마르크스의) 테제다.

● 착취의 집단적 성격과 가치개념

『자본』 3권 초반부부터 이윤이라고 불리는 잉여가치는 그것이 영유되는 기업(또는 부문) ── 잉여노동이 수행되는 곳 ── 내에서 반드시 실현(회수)되는 것만은 아니다. 이러한 성격은 착취에 집단적 성격을 부여한다.

정상적인 조건 하에서 잉여가치는 투입된 노동량에 비례하여 영유된다. 하지만 시장에서 정해지는 경향이 있는 가격(**생산가격**)에서 이윤은 선대된 총[투하]자본(임금과 그 밖의 구성요소)에 비례하여 나타나게 된다. 그와 같이 총잉여가치가 재분배된다. 마치 자본가들이 경제 전체의 생산을 포괄하는 하나의 거대한 기업 내에서 총잉여가치를 전유하고, 선대된 기금에 비례하여 배분하는 것과 같다. 이러한 재분배는 각자가 극대화를 모색하지만, 자신에게 할당된 몫만을 챙길 수 있는(그것이 경쟁의 법칙이다) 투쟁의 결과이다.

어떤 부문 또는 기업에서 만들어지고, 다른 부문이나 기업에서 실현된다는 가치개념은 매우 특수한 것이다. 그것은 넓은 범위에서 가치개념에 대한 준거를 정당화한다. 노동자가 그의 생산물 중 일부만을 받거나(예를 들어 그의 곡물 수확량 중 절반) 그의 생산물 가격과 투입물 가격의 차액보다 적게 지불받는다고 말하기 위해서는 보통 사용되는 두 가지 개념, **수량**과 **가격**에 대해 말하는 것만으로 족하다.

잉여가치가 어떤 기업에 의해 장악되고, 다른 기업에 의해 실현된다는 사실은 제3의 개념, 즉 가치개념에 의거한다는 것을 함의한다. 이러한 개념을 통해 이전(déplacement)의 대상이 되는 노동이라고 하는 사회적 실체를 확인한다. 그런 개념이 없다면 서로 다른 기업들 속에서 벌어지는 착취에 대한 공통의 척도는 없어지고, 착취는 한 기업 내에서 만들어진 총수입(임금과 이윤)과 임금 사이의 차이 같은 것으로 이해될 수밖에 없다. 각 부문은 그 기술적 특성들이라는 단순한 사실로부터(이 발하는 것처럼 석유를 생산하는 것은 아니라는 사실) 임금에 대한 이윤의 구체적 비율의 성격이 정해진다. 따라서 노동자는 각 부문 내에서 다양한 정도로 착취당하고 있다. 이것은 [가치론에 기초한] 앞서의 이론에서 [전개되었던] 마르크스의 생각은 아니다. 그의 생각은 각 노동자는 그의 노동에 따라서 가치를 창조하고, 이러한 창조[된 가치]의 일부분에 대해서만 구매력을 갖는다. 그리고 자본가는 가격형성의 양식을 통해 잉여를 분할한다는 것이었다.

이러한 분석으로 가치론이 착취를 **증명하는** 것은 아니지만(위에서 본 바와 같이 그 정의 속에 이미 포함되어 있다), 가치론은 자본주의 내의 착취의 톱니바퀴에 대한 추적을 가능하게 해준다.

가치론은 자본주의의 정상적인 구조적 상태 내에서 착취를 정의하는 조건이 된다. 그것은 또한 각 부문들 사이의 기술적 차이에도 불구하고, 각 부문들 사이에서 균등하게, 그리고 요구되는 숙련도를 감안하여 (말하자면 어떤 동일한 활동에 종사하는 평균적인 기업들 사이에서 [결정되는]) 정상적 보수와 노동강도라는 가정 하에서 착취의 집단적인 성격을 고려한다. 이러한 연금술의 재료가 사회적 필요노동이다.

2. 자본주의적 계급들

1)『자본』의 개념들에 따라 정의된 계급들

마르크스는 엥겔스와 함께 『공산주의자 선언』 초반부에서 자본주의가 자본가(또는 부르주아)와 프롤레타리아 사이의 대립을 일반화하면서, 계급구조를 단순화하는 경향이 있다고 썼다. 이러한 구별은 자본과 노동이라는 『자본』의 개념들과 직접적으로 조응한다. 하지만 마르크스는 장인과 농부, 그리고 중소자본가 및 광범위한 중소소유자 전체를 인식하고 있었고, 그들을 프티 부르주아라고 정의하였다. 마르크스는 그들의 점진적 쇠퇴를 예견하였다.

(정확하게 마르크스의 용어법이라 할 수는 없지만) 부르주아 내부의 다양한 분파들을 구별할 수 있다. ① 토지소유자, ② 상공업에서 활동하는 자본가(actif capitalistes), ③ 금융산업가, 즉 금융기관에서 활동하는 자본가, ④ 금리생활자(채권자나 주주). 이러한 계급들 또는 계급분파는 경제이론의 개념에 조응하는 생산관계 속에서의 그들의 위치에 준거하여 정의된다. 자본과 생산적 노동 사이의 대립에서 출발하면 자본가와 프롤레타리아 사이의 분리에 도달하는 것과 마찬가지로 상업자본 또는 산업자본이라는 개념에서 산업자본가와 상업자본가라는 동일한 이름이 자본가에게도 부여된다(보론 8). 경영관리에는 참여하지 않지만 [투자] 기금을 지불하는 자본가에는 채권자와 주주가 대응하며, 금리생활자 계급이 연결된다. 은행자본에는 금융가 또는 은행가를 연결시킬 수 있으며, 토지소유자는 자본주의적 지대로 생활하는 사람이다(새로운 계층의 임금소득자인 관리직과 사무직의 위치에 대해서는 다음 장에서 다룬다).

그래서 계급에 대한 정의의 기초에 자리 잡고 있는 생산관계는 다양한 생산양식에 종속될 수도 있다. 이러한 것은 봉건제에서 자본주의로의 이행과정에 존재했던 구체제(Ancien Régime)의 경우에 해당한다. **사회구성체** 개념을 통해 다양한 생산양식의 고유한 관계들의 조합에 대해 말할 수 있다. 예를 들어, 18세기 프랑스에서는 자본가와 봉건 영주가 공존하였지만, 복잡한 잡종형성(hybridations) 현상의 기원에서부터 [봉건제에서 자본주의로의] 이행이 일어났다. 그래서 토지소유자는 봉건

영주의 위치로부터 자본주의적 토지소유자로의 최초 변이로 인식된다. 또한 이러한 계급이 자기 존재를 유지하기 위해서 자본가적 활동으로 점진적으로 전환되어 왔다는 것도 알려져 있다.

2) 사회적 주체(acteur)로서 계급

확립되어 있든지 변용과정에 있든지 간에 계급을 생산관계의 직접적 표현으로 보는 이러한 관점은 몇몇 한계를 가지고 있다.

　가장 부유한 자본가 가족은 보유한 기금을 일반적으로 여러 유형의

〈보론 8〉 지배계급 분파를 정의하는 경제적 범주들

지배계급 분파에 대한 정의는 잉여가치의 분배와 자본순환이라는 두 개의 주요 이론 분야에 기초한다. 거기에 은행자본을 추가할 필요가 있는데, 그것은 이전 두 개의 분야의 기초 위에서 정의된다.

　―총잉여가치는 지대와 이자, 기업의 이윤으로 분배된다. 지대는 자연자원, 특히 토지소유자에게 보상된다. 이자는 **대금업자**(채권자)라고 불리는 자본가에게 귀속된다. 대금업자는 경영과는 관계없이 그리고 계약상의 일시 지불을 조건으로 자신의 기금을 기업에게 처분한다. 마찬가지로 마르크스는 이 범주에 주주를 포함시켰다. 주주에 대한 보상은 배당이며, 주기적으로 결정된다. 이 채권자와 주주 집단은 아마도 (지대 수취자와 구별되는) **금리생활자** 집단이라 부를 수 있을 것이다. 그들은 자기 자신의 기금을 투자하고, 경영에 관여하는 **기능자본가**와 대립한다. 그들의 수입은 이윤 중에서 기업 내부에 유보되는 부분, 즉 기업 이윤에서 나온다. 자연자원의 소유자, 채권자와 주주, 그리고 기능자본가는 지배계급의 세 분파로 정의된다.

　―자본은 차례차례 다양한 형태(화폐 A, 상품 M, 그리고 생산자본, 즉 작업장 내에서의 자본의 구성요소 P)를 띠는 운동 속의 가치이다. 오직 **산업자본**이라 불리는 자본만이 완전한 순환을 이룬다. 마르크스는 화폐형태로부터 출발하는 A-M …… P …… M′-A′(M′과 A′은 증가분, 즉 잉여가치를 포함한다) 순환을 기술하였다. 산업자본 순환의 핵심에 생산(P 형태로)이 위치한다. 어떤 기업들은 〔상품의〕 구매 및 판매에 특화하고, 다른 기업들은 거래의 실현, 화폐 운영(〔자금〕 회수 및 지불, 회계업무 등)에 특화한다. 따라서 절단된 두 개의 다른 순환, A-M-A′과 A-A′이 존재한다. 각각 **상업자본**의 순환과 **화폐거래**자본의 순환이다. 이렇게 해서 산업자본 곁에 새로운 두 개의 자본가 분파가 나타난다.

　―은행자본은 대출(또는 주식 보유)과 화폐거래 업무를 구현(이러한 활동에 투자된 자본은 아마도 부분적으로나 전체적으로 채권자 또는 주주로부터 자금을 제공받는다)하는 이중적 기능을 하는 특별한 범주에 속한다. 은행업자는 자본가계급 분파 중 하나를 형성한다.

활동에 투자한다. 예를 들어, 그들은 은행가인 동시에 토지소유자가 될 수 있다. 그것은 이러한 〔생산관계에 기초한〕 유형의 구별을 혼란스럽게 한다. 바로 그러한 〔위에서 설명한 계급에 대한〕 성격 부여는 특정한 측면 (주로 은행가이고, 부차적으로만 토지소유자, 기타 등등인)만을 부각시키는 한에서만 타당하다.

생산관계 내의 위치는 계급을 정의하는 경제적 기초〔즉자적 계급〕만을 부여한다. 계급은 다른 한편으로는 (정치적·문화적·기타 등등의) 사회적 주체로서 존재한다. 그렇게 주체로서 정의되는 계급은 다소 낡은 개념을 원용하자면, **즉자적** 계급에 대립하는 (이를테면 계급이 계급적 행위 자체로 구성됨을 의미하는) **대자적** 계급이라고 불린다. 계급이 종종 이러한 의미에서 그리고 정치적 관점으로부터, 말하자면 나머지 계급들과의 다소 긴밀한 관계 속에서 단결된 소수 분파인 전위(avant-garde)로 귀착한다는 것을 보여 준다. 그것은 노동운동(노동조합, 정당, 문화조직, 그리고 상호부조 조직)에서만큼 지배계급 내에서도 관찰되는 하나의 형세이다. 명백하게 자본은 그것 자체로는 움직이지 않지만, 지배계급의 특정 분파(가장 상위 계급 분파)가 특정 제도들——특히, 거대기업 및 가장 중요한 금융기관들, 국가——을 통해서 그것을 움직인다.

현실 세계의 분석에서 **행위자들**(agents)을 확인하려는 욕구는 종종 계급들을 기관〔또는 제도〕으로 대체하려는 시도로 이끈다. 예를 들어 노동자가 아니라 노동조합을 이야기하는 식이다. 특히, 거대 주식회사들(초민족기업들)이 투쟁, 또는 정치인에 대한 압력의 당사자들(agents)로 그려진다. 〔이러한 과정에서〕 계급들은 사라져 버리지만, 〔사실은〕 이러한 거대 주식회사 배후에서 (제도적 편향으로 결부되는) 대주주 및 경영책임자, 즉 지배계급으로 행동하는 성원들을 발견할 수 있다는 것을 망각해서는 안 된다.

　(정당들, 선거와 의회, 기타 등등의 의미에서) 정치적 과정을 계급의 관점으로 이해하는 것이 어려운 이유는 그 대부분이 현대 정치 생활의 성격에서 유래한다. 게다가 마르크스는 반드시 현대적 의미는 아니지만 지배계급 분파들과 **정당들** ── 예를 들어, 정통 왕당파와 오를레앙 당은 각각 토지소유자와 금융가를 대표하였다 ── 사이의 다소 직접적인 관계를 명시하였다. 현실 세계에서 어떤 정당의 **사회적 기초**(bases sociales)에 대해 확실히 말할 수 있지만, 엄격한 관계를 보일 수 있다고 기대하기는 어렵다. 예를 들어 노동자의 정당, 관리직의 정당, 또는 소유자의 정당을 확인할 수는 없다. 더 정교한 분석이 필요하다(그 점에서 관해서는 권력형세 개념이 행하는 역할을 앞으로 보게 될 것이다).

3. 국가

1) 국가 권력

마르크스주의는 다음과 같은 두 가지를 구별한다. ① 일반적으로 (어떤 계급 소속인지와는 무관하게) 개인들과 그룹들 사이의 대립을 해결하고 사회 전체 규모에서 활동들을 조정하기 위한 중앙기관과, ② 이러한 동일한 기관이 지배계급의 권력기관으로서 존재하는 것을 구분한다. **국가**라는 용어는 일정한 맥락 내에서 이러한 용법[지배계급의 권력기관]으로 사용된다. 계급사회 내에서 **선험적으로** 더 큰 영향력을 갖는 중앙기관의 특징은 이러한 국가적 성격, 즉 계급적 성격이라는 것을 강조해야 한다.

　이러한 국가 권력 내부에서 우리는 세 가지 측면을 구별할 수 있다. ① 피지배계급에 대한 권력, ② 지배계급 내부의 질서, 특히 지배계급의 서로 다른 분파들 사이의 관계(서로 다른 분파들의 이해와 권리에 대한 상호존중)를 관리하는 질서의 설정, ③ 대립관계에 있는 여러 지배계급의 이익을 확대하고 방어하는 국내(국제)적인 차원(국제법의 제정, 초민족적 국가기관의 설립, 또는 전쟁 속에서의 직접적인 대치), 여기에 지배계급은 국민 전체를 동원한다. 이러한 권력의 행사는 생산관계의 지속, 사업 추진 및 지배계급의 수입(따라서 재산)을 보장한다.

이러한 정의는 일반적으로 국가기관의 범위에 들어가지 않는 기관들, 예를 들어 독립적인 중앙은행 및 공공 또는 민간 미디어(신문, TV)를 국가의 일부로 고려한다는 것을 함의한다. 이러한 기관은 생산관계와 권력구조를 유지시키는 중요한 역할을 담당한다. 대칭적으로 철도망 및 병원과 같은 일정한 기술적 공공기관은 이러한 의미에서 반드시 국가의 구성요소는 아니다. 이러한 정의를 고려하면 마르크스가 설교한 계급 없는 세계적 사회는 국가 없는 사회라고 말하는 것과 같다.

국가가 지배계급의 권력을 보장한다는 명제는 마르크스 분석의 중심에 있다. 잉여가치를 이윤과 지대와 같은 이윤 일부의 원천으로 확정하는지 아닌지에 따라서 속류경제학과 과학적 경제학을 구분하는 것과 마찬가지로 국가에 대한 과학적 분석에 대립하는 국가에 대한 속류적 분석(일반 이익을 위한 단순한 도구 또는 그 자신의 고유한 이익을 추구하는 국가, 즉 국가의 자율성)이 가능하다. 이 두 가지 경우 이러한 속류적 성격은 현존 질서를 정당화하는 **변호론**으로서 이해되어야만 한다.

2) 독재, 민주주의, 타협과 헤게모니

역사적이고 국지적인(localement), 각각의 구체적인 형세의 다양성에도 불구하고, **독재**로부터 **민주주의**까지에 이르는 수준에서 국가권력의 실행 양상을 분류할 수 있다. 앞으로 제시할 민주주의에 대한 분석의 결과는 명백히 민주주의를 비방하는 것으로 되어서는 안 된다. 독재 하에서 살아가는 것보다 민주주의 하에서 사는 것이 좋다. 훨씬 좋다!

● 민주주의

지배계급의 내부에서는 다양한 정도(degrés)의 민주주의가 지배적일 수 있다. 그 정도는 개별이익을 주장하는 다양한 지배계급 분파들에 주어지는 자유에 따라 정해진다. **부르주아 공화국**은 다수의 정당, 의회, 사법·경찰조직을 통하여 개인들 사이와 지배계급 분파들 사이의 분쟁을 해결한다. 동시에 법은 사적 소유의 한도를 정하며, 사법·경찰조직은 개인적 자유를 일정 정도 존중하는 한에서 규칙을 관철시킨다.

또한 피지배계급에 대한 지배계급의 권력행사를 민주주의의 관점에서 다룰 수 있다. 대중투쟁은 지배계급 내부 분쟁에 대한 관리규칙과 피지배계급과 지배계급 사이의 투쟁의 관리규칙을 공유하도록 요구하였다. 보통선거권의 점진적 쟁취로 정치 생활은 일정한 방식으로 이루어졌다. 법은 계급들 사이에 어떤 차이도 없다고 주장한다. 그것은 실천적으로는 아니더라도 원칙적으로는 진실이다. 하지만 이렇게 확대된 민주주의는 지배계급 내부의 민주주의와는 다른 성질의 것이다. 왜냐하면, 지배계급의 권력 문제 및 생산관계(예를 들어, 소유권)의 지속 문제가 타협의 대상이 되는 경우는 거의 없다.

지배계급은 직접적 폭력 이외에도 지적 생활과 교육, 정보수단들에 대한 준독점(quasi-monopole) 상태에 있으며, 자신들을 위해 봉사할 정당의 자금을 확보하고 있다. 이와 같이 대의제 민주주의가 생산관계의 지속을 위협하는 경우는 거의 없다. 하지만 모든 경우, 정상적인 민주주의가 기능하는 가운데에서도 똑같이 '공공의 질서를 혼란시키는' 운동에 대한 강력한 제한이 가해진다.

피지배계급에 대해 자유와 평등이라는 보편적 가치를 주장하는 것이 완전히 환상적인 것은 아니다. 그러한 보편적 가치는 정치적 조건이 허락할 때 [피지배계급의] 행동에 깊은 영향을 주지만, 생산관계의 지속과 계급 위계에 종속되어 있다는 점은 변하지 않는다.

● 민주주의의 한계

이러한 부르주아적 자유는 다양한 상황 속에서 일정한 과제(방위, 발전 등)를 수행할 필연성 또는 국내외로부터의 위협에 제약되어 있다. 지배계급 분파들 사이의 긴장이 어떤 한도를 초과할 수 있으며, 피지배계급의 투쟁으로 발생한 위협이 수립된 질서를 위태롭게 할 수 있다. 종종 결합되어 나타나는 이러한 두 가지 경우에 카리스마적이며 권위적인 지도자에게 일임되면서 표출되고 있는 내부적 긴장에 어떤 제한들이 가해지게 된다. 마르크스가 루이 나폴레옹 보나파르트[나폴레옹 3세]의 황제로의 지위 상승을 분석하면서 이것을 보여 준 적이 있다(Marx, 1852). 파시스트적 독재는 그 다양성에도 불구하고 20세기에 나타난 극단적 변종을 대표한다고 말할 수 있다. 나치즘이 더 복잡한 잠재적 가능성(과 현실성)을 가지고 있다는 것이 나치 독재가 공산주의의 위협을 물리쳤다는 사실을 변화시키지는 않는다. 칠레의 피노체트 또는 라틴아메리카의 다른 독재자들은 신자유주의적 질서에 길을 열어 국내 및 미국 지배계급의 과업을 수행하였다. 이러한 지배계급들의 국내적 자유의 포기와 다른 계급에 대한 폭력의 증대는 일시적이다. 일반적으로 사회질서와 소유가 한번 회복되면 파시즘적 범죄가 고발된다. 하지만 이러한 과정은 항상 순환적 ── 지배계급들의 민주주의의 중단과 회복 ── 으로 이해해야만 한다.

● 타협과 헤게모니, 권력형세

이러한 과정의 경제적 측면을 강조하고, 좀더 현대적인 언어로 표현하자면 민주주의 사회 속에서 지배계급들의 권력행사는 반드시 어떤 (지배계급 분파들 사이와 피지배계급과 중간계급과의) 타협에 의거한다고 말할 수 있다. 번영의 시기에는 인구의 다소 광범위한 부분이 번영의 일부분이 된다. 전형적인 사례가 중간계급이다. 이러한 타협을 명확하게 인식하는 것이 현대사회의 분석에 있어 결정적으로 중요하다. 이러한 타협은 우리가 **주요 권력형세**라고 부른 것을 규정한다(이하의 장에서는 케인스주의적 타협과 신자유주의적 타협에 대해 논할 것이다). 이 타협의 여러 가지 구성요소들이 같은 위치를 점하고 있는 것은 아니다. 지배계급의 특정 분파만이 **헤게모니적** 위치에 있다. 말하자면 지도적 지위를 획득한다는 말인데, 그러한 지위의 압도적 우위성은 '다른 구성 부분들에 대한 지배'의 본질이다. 다른 그룹들(일정 정도의 이익을 배분받고 지지를 보낸다)은 이런저런 방식으로 결합된다.

이러한 권력형세의 존재는 현대 자본주의 내에서 정당들에 대한 정의(定議)의 문제를 다소 명확하게 해준다. 이 〔자본주의 내의〕 정당들은 오히려 그러한 권력형세와의 관계에 의해 파악된다. 왜냐하면 대개 이러한 정당들이 정부의 정당이거나 정부의 정당을 자칭하기 때문이다. 학계 내에서 신고전파라든지 케인스학파라든지 간에 어떤 사회집단 또는 다른 집단의 이익을 요구하지 않는 것과 마찬가지로 정당들도 앞서 말한 타협을 반영하는 정책들을 설파한다. 그것 역시 특정 계급분파에 자기를 동일시하는 것은 아니다(예를 들어, 가격 안정성보다 완전고용을 선호하는 것은 노동자에게 유리하지만 이와 같은 정책을 실행하는 정당을 노동당과 동일시할 수 있는 것은 아니다). 그럼에도 불구하고 자기가 대표하는 계급분파를 명백히 정의한 정당에 대해 명칭을 부여하는 것이 문제가 아닌 이상 학계만큼 정치생활에 있어서도 계급들의 이익과 구조는 상당히 쉽게 동일시된다. 더 동태적인 관점에서 보면 정당의 행동이 자본주의 경제와 사회의 전환에 대해서는 어떻게 자리매김하는지, 이 정당이 정부 내부에서 행동한다면, 그러한 행동이 결국 어떤 방향으로 변화를 촉진하는지에 대해 포착할 수 있다.

4. 역사의 동역학

이상의 여러 메커니즘은 동태적으로 이해되어야만 한다. 우리는 메커니즘의 상이한 측면들을 그 효과들과 결합시켜 구별할 수 있을 것이다.

• 생산력과 생산관계의 동역학
생산양식들의 잇단 교체는 **생산력**의 발전과 밀접하게 연결되어 있다는 주요한 명제가 있다. 이러한 명제는 상당히 복잡한 방식으로 생산량, 생산기술과 생산조직, 지식 수준, 분업, 축적된 자본, 그리고 자연에 대한 정비(aménagement) 등등의 것과 연관된다. 이러한 것들에 대한 가치평가와는 독립적으로 말이다. 이러한 동역학이 동일한 생산양식의 내부에서 단계들의 연쇄에 적용된다.

생산력과 생산관계 사이의 관계는 상호적이다. 새로운 기술-조직(technico-organisationelles)상의 진보는 생산관계의 조정을 요구하며 이러한 조정은 생산력이 계속 전진하는 데 기여한다. 여러 방향에서 간격이 생겨날 가능성이 있는데, 특히 생산관계의 조정이 지연될 가능성이 있으며 이는 위기의 형태로 나타난다. 예를 들어, 19세기의 마지막 10년 동안 생산단위 규모의 확대와 생산단위의 점진적 기계화는 거대 주식회사의 발전에 선행하였는데, 이 거대 주식회사 자체가 산업의 이러한 새로운 성격의 일반화를 가능하게도 했다. 이 과정을 명명하는 것은 어려운 일이지만, '생산력과 생산관계의 변증법'이라는 표현은 이러한 상호작용을 설명하기 위해 마르크스가 만든 것이다. 이러한 표현은 동역학적 변화 아래서 일정 성질을 갖는 공통성에 대해 생각할 수 있도록 한다.

● 계급투쟁

마르크스는 계급투쟁을 '역사의 원동력'이라 보았으며, 자본가와 프롤레타리아 사이의 모순과 관련된 투쟁이 자본주의적 생산관계를 끝장내게 될 것이고, 그 생산관계를 넘어 사회주의와 공산주의로 나아간다고 주장했다. 하지만 마르크스가 살던 시대에나 우리의 시대에나 계급투쟁은 동시에 자본주의 내적 단계들의 전환의 원동력이기도 하다.

『공산주의자 선언』은 신흥 부르주아 세력과 봉건계급 사이의 대립이 봉건제에서 자본주의로의 이행을 지배했다고 설명한다. 이러한 이행은 항상 더 풍부한 구체적인 역사적 양상을 나타내며, 이러한 두 지배계급 간의 대결은 협조와 잡종형성과 국가들 사이의 차이 없이는 행해지지 않는다. 어떤 나라들이 길을 보여 주면, 다른 나라들은 그것을 따라간다. 정치적 격변은 (프랑스 혁명에서처럼) 대중투쟁이 일으킨 동역학의 바깥에서는 이루어질 수가 없으며, 전환들이 가져오는 정확한 범위의 문제는 장기적으로는 불확정적인 것으로 남게 된다(급진파들은 부르주아 질서보다 더 혁명적인 질서를 부과하겠다고 위협했다). 이러한 의미에서 계급투쟁은 항상 지배계급과 피지배계급 사이의, 지배계급 분파들 사이의, 국내 및 국제적 차원에서의 전체적인(global) 시스템으로서 이해되어야만 한다.

• 상부구조와 하부구조

경제 메커니즘을 근본적 지위로 자리매김하는 해석구조의 위계로부터 **상부구조**와 **하부구조**의 구별이 유래한다. 생산관계와 생산과정은 하부구조에 속한다고 말하며, 상부구조는 정치·문화·이데올로기 등등의 제도 및 과정과 관계가 있다.

상부구조는 고유한 동역학과 역사를 갖고 있다. 특히 어떤 일정한 시대의 고유한 권력형세는 과거의 유산이라는 사실 속에서 〔위와 같은 점이〕 나타난다. 하지만 하부구조의 요소가 상부구조의 성격을 대부분 규정한다. 이러한 상부구조에 대한 하부구조의 영향은 생산관계를 지속시키는 것을 임무로 한다. 그래서 종종 하부구조에 대한 상부구조의 **반작용**(effet en retour)이라는 규정은 미세하고 세련된 분석이라고 할 수는 없지만, 결정적으로 중요한 요소이기도 하다. 예를 들어 부르주아 사회의 학교는 사회의 계급적 성격을 넘어서는 매우 일반적인 사회적 기능을 담당한다. 하지만 학교는 (다양한 기능 자격을 습득하도록 함으로써) 자본주의적 분업의 틀 속에서 생산에 참여하도록 준비시키고 기존질서를 존중하는, 특히 권위에 대해 순응하게 하는 이념체계(가치관)를 지속시킨다. 이러한 의미에서 학교는 하부구조에 의해 규정된다. 그것은 학교가 전체적인 자본주의 시스템의 재생산에 강력하게 기여하고 있다는 것을 직접적으로 함의하고 있다.

7장_관리직 가설(hypothèse cadriste)

[마르크스의 이론이 나온] 150년 전 이래로 자본주의는 그 변형을 멈추지 않았다. 19세기에 수립된 사회이론으로 지금의 현실을 설명할 수 있을까? 앞 장들은 이러한 점에서 중립적이지 않으며, 우호적인 반응을 기대하는 것이었다. 그렇지만 이러한 일반적 판단으로부터 이론적 구조물의 불완전성을 과소평가하거나 19세기 중엽 이후에 생겨난 변화의 범위를 부정할 필요는 없다. 계급구성의 측면에서 자본주의 진화의 결과들(자본가, 관리직, 사무직 및 생산적 노동자 등)을 자세히 이해하기 위해서는 마르크스의 명제들을 연장하여 수정(révison)에 이를 때까지 재정식화를 시도해야 한다. 이러한 재정식화의 중심에서 자본주의적 소유관계를 체현하는 금융에 대한 관리직과 사무직의 증대의 중요성 및 경영과 소유의 분리를 발견할 수 있다. 마르크스는 이러한 변화를 분석하였지만, 자본주의 생산양식에 대한 온갖 귀결점들을 끌어낼 수는 없었다(보론 9).

1. 계급구조의 전환

여기서는 관리자와 자본가 각각과 연관된 변형의 두 측면을 고찰한다.

1) 관리직 계급

관리직(cadre)이라는 개념은 상당히 넓은 사회적 범주에 대한 정의이
다. **경영자**(manager)라고 말할 수 있지만(그리고 관리gestion를 대신하여
경영management), 프랑스에서 이 용어는 민간부문의 위계에서 정상을
지칭하며, 프랑스인들은 관리직이라는 보다 일반적인 말을 선호한다.
우리가 사용하는 용어인 관리직은 구상과 결정의 직무를 수행하는 임금
소득자 중 상위분파를 의미한다. 관리직이라고 해도 기업 내에서는 기
술, 대외거래, 재부, 연구 등등에 종사하는 다종다양한 직종들이 있으
며, (모든 국가 장치의 상급공무원으로) 공공기관에도 존재한다. 이러한
것은 명백하게 생산관계 내에서 특정 위치에 조응하는 직업적 활동 내
용의 문제이며, 퇴직연금기금이 정하는 행정 관리 차원에서의 직업 구
분은 아니다.

　　우리가 해석한 변형들은 그것이 최초의 일보를 내딛은 이래, 끊임
없이 그 중요성이 증대해 왔다. 우선 관리직과 사무직의 수가 증가하였
다. 두번째로 자본주의 기능양식이 민감하게 방향을 전환하는 것을 알
수가 있다. 마르크스가 어떤 맹아적 형태를 검출할 때 잘 판단했던 것처
럼, 변화하지 않는 근본적 현실의 단순한 복잡화로서 이러한 진화를 다
루는 것은 타당하지 않다.

　　**우리가 보기에는 관리직과 사무직이 자본가 및 프롤레타리아와 동일한 측
면에서 새로운 사회계급을 구성하는 것으로 보인다.** 이것은 단순한 사회**계층**
또는 **범주**이거나 주요 **임금소득자** 계급 분파로 취급되어서는 안 된다. 관
리직은 자본가적 소유자들에 의해 지배되고, 그들 자신은 노동자와 사
무직을 지배하기 때문에 현실적으로 중간계급을 형성한다.

2) 현대 금융 : 새로운 주체

마르크스가 19세기 금융가계급의 형성을 강조했지만 사회적 주체로서의 **금융**을 진정으로 말할 수 있게 된 것은 20세기 초반부터이다. 금융은 이 시기에 자본주의의 동역학과 계급투쟁 속에서 우세한 주체로서 뚜렷이 나타났다. 자본가계급이 이전 투쟁에서 행위자로서 개입하지 않은

〈보론 9〉 마르크스의 생산관계 변형에 대한 분석

마르크스는 자본주의적 소유의 최초의 변형, 특히 소유와 경영의 분리를 인식하고 있었다. 그러한 분리는 금융의 발전과 임금을 받는 관리자(관리직과 사무직 일반) 수중으로의 관리 업무의 집중으로 이어졌다.

"…… 단순한 자본의 소유주인 금융자본가[**채권자와 주주**]는 기능자본가들과 대립하고, 신용의 확대와 더불어 직접 소유자 대신에 〔**기업에**〕 대부하는 은행으로 집중되어 금융자본가 자신이 사회적 성격을 취하게 되었다."(Marx, 1894 : Ch. 23, p. 52 / III권 상, 475쪽. 번역 일부 수정, 〔 〕는 지은이)

관리의 위탁이 이러한 분리에 수반되었다. "…… 자본이 차용한 것이든 그렇지 않든 그것에 대하여 어떠한 권리도 없는, 어떤 명목의 자본도 소유하고 있지 않은 단순한 관리자가 기능자본가가 수행해야 할 모든 실질적인 기능들을 수행하게 됨으로써 단지 기능인〔**그러한 기능을 실행하는 사람**〕만이 남게 되고 자본가는 쓸모없는 사람으로서 생산과정으로부터 사라지게 된다." (Marx, 1894 : Ch. 23, pp. 52~53 / III권 상, 475쪽. 번역 일부 수정, 〔 〕는 지은이)

관리의 진보로 노동자의 숙련에 대한 박탈이 대체되었다. 『자본』은 이 주제에 대해 명확히 인식하고 있었다.

"…… 독립적인 농민이나 수공업자가 소규모적으로나마 발휘하는 지식이나 통찰 및 의지는, 이제 작업장 전체를 위해서만 필요할 뿐이다. 생산의 지적 능력들이 다른 모든 측면에서 소멸되기 때문에 한 측면에서는 오히려 확대된다. 세분화된 노동자들이 상실한 것은 그들과 대립되는 자본에 집적된다. …… 이러한 분리과정은 고립된 노동자들에 대해 자본가가 집합적 노동자의 의지와 통일성을 대표하는 협업에서 시작한다. 그것은 〔노동자를〕 세분화시켜 불구화하는 메뉴팩처에서 더욱 발전하며, 과학을 독립적인 생산 능력인 노동으로부터 분리시켜 자본에 봉사하도록 하는 대공업에서 완성된다."(Marx, 1867 : Ch. 14, p. 50 / I-2권, 495~496쪽. 번역 일부 수정. 저자의 인용은 14장이지만, 이는 프랑스어판 『자본』에 근거하고 있다)

마르크스는 이러한 진화과정이 내포하는 생산관계의 심오한 변화를 인식하고 있었으며, 그것이 자본주의에 대한 초월을 선취하고 있다고 보았다.

"그것은 자본주의적 생산양식 내부에서 자본주의적 생산양식의 지양이며 따라서 스스로를 지양하는 모순으로서 그 모순은 일견 새로운 생산형태의 단순한 과도적 국면으로 나타난다." (Marx, 1894 : Ch. 27, p. 104 / III권 상, 544쪽. 번역 일부 수정)

〔이 주제에 대해서는 Duménil and Lévy, 2006 : pp. 131~180을 참조하라.〕

것은 명백히 아니지만 행위의 양상은 수정되었다. 자본가계급은 이 계급의 전통적인 기관들(연합, 정당, 국가 등등) 이외에 또한 금융기관 속에 체현되었다.

그래서 그 전위(前衛) 및 기관들과 더불어 이해된 자본가계급은 6장의 **대자적** 계급에 대한 정의에 호응한다. 이로 인해 그때까지 행해져온 **금융**이라는 용어의 사용을 명확하게 하는 것이 가능하게 되었다. 전체적으로 자본가계급은 두 가지 관점을 따라서 이해되어야만 한다.

— 생산수단의 소유관계는 개인들의 광대한 그룹들과 그들의 투쟁의 윤곽을 묘사한다. 개인들은 크고 작은 사업주이거나 (경영자 협회나 모임 등등의 기관 속에서 다양한 정도로 연루되어 있거나 그렇지 않은) 기업과 가깝거나 동떨어진 주주와 채권자들이다.

— 대자적 계급으로서 두번째 범주화는 첫번째 관점에 의거하지만 더 한정된, 보다 잘 조직되어 있으며, 더 활동적이라는 점에서 두드러지게 차이가 존재하는 실체의 윤곽을 소묘한다. **이런 의미에서 계급은 (은행, 연금기금, 등등의) 기관 전체와 지배계급 상위의 활동적 분파를 결합하는 것이다. 경영으로부터 분리된 소유자(채권자와 주주, 대자본가 가족, 등등)와 금융기관의 상층경영자가 여기에 해당한다.**

3) 사회화 : 시장과 조직

마르크스의 자본주의 변혁에 대한 분석의 중심에 있는 **사회화** 개념은 현대 금융과 관리직 및 사무직의 증대하는 역할에 대한 분석과 결합된다. 일반적으로는 개별적 과정에서 국내 및 국제적 수준에서 벌어지는 대기업 및 기관 속의 조직적인 집단적 형태로의 진화를 생각할 수 있다. 자본주의는 끊임없이 그런 운동을 야기하며, 생산관계의 변모와 직접적으로 결부된 이런 다수의 구성요소들을 구별할 수 있다. 실제로 이러한 변모를 고찰하는 새로운 방법이 문제다.

— 자본주의는 점진적으로 더욱더 거대한 기업을 창조한다. 그 기업 내의 **사전적으로** 조직되는 관계들 속에서, 그리고 시장 바깥에서 경영과 생산에 관련된 임무들이 차질 없이 진행된다.

— 자본주의는 시장과 통신경로를 개방하며, 기업 간 관계를 확대한다. 이와 같은 메커니즘이 분업의 발전을 지배한다. 이러한 **분업**은 더욱더 복잡한 상호관계와 전문화된 네트워크를 구성한다.

— 자본에 대한 개별적 소유는 생산의 성장을 제한한다. 2장에서 말한 삼중의 혁명이 이러한 방해물을 제거한다. 상당한 양의 자본을 집중하는 것이 가능할 뿐 아니라 금융은 전대미문의 규모에서, 또한 권력과 크기가 증대하고 있는 기관을 이용하여 다양한 부문으로의 자본의 할당을 보장한다.

— 이미 지적한 바처럼 자본주의 이전과 자본주의 내에서 분업의 진보에 조건이 되는 화폐 메커니즘의 발전은 일정하게 집중화된 사회적 질서의 설정 없이는 이루어지지 않는다. 이 메커니즘은 개인들의 지출 결정을 사회적 수준과 조화시키려고 하는 거시경제정책과 겹쳐진다.

— 여기에 산업정책, 공공서비스(운송, 에너지 등등), 또는 교육과 연구 및 돌봄(soin) 등등의 업무에 대한 사회적 부담을 추가할 수 있다.

4) 자본주의적 소유 자체의 변화인가?

경영 업무의 위탁은 자본주의 질서에 대한 (민간 및 공공부문 위계의 상부에 위치하는 관리직으로부터 유래하는) 잠재적 위협을 부여한다. 두번째 위협은 인플레이션이 차입자에게는 유리하고 채권자의 이익은 저해하면서 중요한 [부의] 이전을 일으킨다는 점이다. 따라서 정책들은 소유자계급의 수입과 부에 영향을 준다. 국가 권력이 (재정정책과 이자율정책으로) 어떤 사람들에게는 유리하고 다른 사람들에게는 불리한 자본의 분배과정에 직접적으로 개입할 때 사태는 더 심각하게 된다. **더구나** 국유화 형태로 국가가 소유자를 대신하거나 집단적 이익 기능을 맡거나 하는 경우에는 더더욱 그렇다.

금융은 끊임없이 이러한 장에서 투쟁을 벌이고 있다. 한편으로 법적 소유권에 부여된 권력들이 금융기관에 재집중되었고, 강화되었다. 다른 한편으로 금융은 국가개입의 증대에 직면하여 거시경제정책의 주도권을 유지하려고 노력하였다. 금융은 항상 자기 이익의 보전 문제가 아닌 이상 사회 전체의 기능양식에 영향을 주는 국가개입에 대해서는 주저하는 태도를 보인다.

사회화의 확대라는 일반적인 맥락에서 이 모든 과정의 결합은 자본주의의 기능 메커니즘에 크게 영향을 주어 수입의 흐름을 조정하고 방향을 전환시켜 자본주의적 소유자의 기초와 그로부터 유래하는 자산계층의 위계가 변화된다. 그렇기는 하지만 생산수단의 사적 소유가 지배적이기 때문에 우리의 사회를 여전히 자본주의적으로 규정할 수 있다. 다만 사적 소유의 양태는 심각하게 수정된다.

2. 관리직과 사무직: 자본주의의 중간계급

관리직과 사무직계급 위치의 성격 규정이 마르크스주의적 분석에 대한 주요한 문제를 제기한다. 매우 널리 알려진 하나의 태도는 **임금소득자**라는 일반적 개념을 취하기 위해서 생산적 노동자와 비생산적 노동자 사이의 구별을 포기하는 것이다. 이 경우 근본적 계급 모순은 자본가와 임금소득자 간의 대립이다. 그래서 임노동 전체 유형으로 일반화된 잉여가치 개념은 이러한 [개념상의] 확대를 넘어 잔존하고 있다고 상정된다. 이 방식은 마르크스적 분석의 구별들의 엄격성에 대해서는 정중하게 언급하지 않고 있다. 그것은 종종 암묵적으로 남아 있는 수정주의의 최초 형태이다.

반대로 『자본』의 개념들에 가능한 한 엄격하게 머무를 수 있다. 이러한 관점은 (생산적 노동자들의) 노동자 세계와 (비생산적) 관리직과 사무직 사이의 분리에 거대한 중요성을 부여한다. 그것은 이 관점의 약점이기도 한다. 이러한 한계를 어떻게 극복하는지 제시하기 이전에 우선 그 관점을 추적해 볼 것이다(Duménil, 1975).

1) 세분화된 자본가들의 기능

자본의 관점에서 관리직과 사무직의 역할 증대는 잉여가치 추출과 자본의 유통(6장)과 관련한 업무의 진보 및 이러한 업무의 시간 경과에 따른 변화와 호응한다. 그것은 비생산적 업무이지만 유용한 것이며, 그 기능은 이윤율의 극대화이다(보론 10). 마르크스는 원래 이러한 업무를 기능자본가의 업무로 묘사하였다.

관리직과 사무직이 기능자본가의 고유한 업무를 수행한다는 것은 생산관계 내의 중간적 위치, 영미권 용어를 빌자면 흔히 **프티 부르주아**(중간계급)로서 분류되는 **화이트 칼라**의 위치를 부여함을 의미한다(Poulantzas, 1974).

관리직과 사무직이라는 특정 범주들이 **집합 노동자**(travailleur collectif)로 명명되는 존재의 특정 구성요소를 차지하고 있다거나 감독

[노동]의 경우에서처럼 생산[현장]의 근방에서 있다는 것이 생산관계 내에서 이 그룹의 위치를 근본적으로 수정하는 것은 아니다.

2) 새로운 프티 부르주아의 착취

마르크스는 자본소유자들에 의한 비생산적 노동자들에 대한 착취라는 질문을 제기하였다(Marx, 1885: Ch. 6, pp. 121~122). 기능자본가로부터 임금소득자로의 관리 기능의 이전은 관리 업무가 자본가에 의해 실현될 때 가치는 창조되지 않는다는 본질을 변화시키지 않는다. 그리고

〈보론 10〉 생산적 노동자와 비생산적 노동자: 생산과 관리

잉여가치의 착취와 자본유통은 그것을 실행하고 관리하는 노동자를 필요로 한다. 마르크스는 이러한 업무를 **기능자본가**와 그들의 보조(관리직과 사무직)의 것으로서 묘사하였다.

자본가의 업무는 음악에서 오케스트라 지휘자 또는 작곡가처럼, 마르크스가 **집합적 노동자**라 부른 것 내부에서 부분적으로 생산에 직접 관계하여야만 한다. 고유한 의미에서의 감독을 제외하고, 이러한 업무 중 몇 개는 노동과정에 관련되어 생산물에 가치를 부가하는 생산적인 것으로 고려된다. 하지만 마르크스의 개념에 따르면 **이러한 업무의 대다수는 비생산적이다.** 이러한 업무는 현대적 언어로는 관리에 해당한다. 예를 들어 (자본의 유통을 확보하고, 또 기능하게 하는) 상업에 종사하는 종업원의 노동 또는 회계 업무를 포함하는 것으로 그 의미가 확대된다.

이러한 노동을 비생산적 노동이라 부르는 것은 그 노동의 유용성에 의문을 제기하는 것은 아니다. 그것은 (선대된 자본을 최소화해서 전체 이윤을 증대시키는) **이윤율 극대화**의 기능을 한다. 경계선을 확정하는 데 있어 겪는 곤란이 무엇이든 간에 여기서 중요한 것은 생산과 관리로 구별되는 기능을 갖는 두 가지 유형의 업무 사이의 분석적 분리이다.

생산	관리
생산적 노동	비생산적 노동
가치의 창조	이윤율 극대화

이러한 이윤율 극대화 노동은 (관련 용품, 임금, 통신수단이라는 측면에서) 하나의 비용이며, 자본(사무용 가구 및 집무실, 그리고 자재)의 선대를 요구한다. 마르크스는 (잉여가치의 착취와 관련한) **유통**과 **가치증식**의 비용에 대해 서술하면서 이 비용이 이윤으로부터 공제된다고 지적하고 있다.

마르크스는 자신의 고유한 개념들을 중시하면서 이러한 착취를 잉여가치의 추출과 동일시하지 않았다. 필요한 지출(임금 또는 기타)은 잉여가치로부터 공제되어 나온다. 이러한 임금소득자들은 자본가에 의해 고용된다. 왜냐하면 후자가 여기에서 그들의 이익을 챙기기 때문이다. 그리고 그것은 착취의 특별한 형태에 대한 정의에 매우 가깝다.

하지만 마르크스는 그의 이론적이며 정치적인 목적을 고려하여 이러한 분석을 위험하거나 무용한 것으로서 인식하였으며 이론구성 외부에 놔두었다. 아마 그는 이러한 분석을 **임노동**(salariat) 일반에 할애하기 원했던 이론 부분을 위해 남겨 두었을 것이다(『자본』은 배타적으로 대부분의 생산적 노동자의 임노동을 분석하고 있다).『자본』에서 그의 모든 노력은 자본주의적 생산양식의 계급적 성격, 자본가 수입의 원천으로서 잉여가치 및 이 생산양식의 역사적 성격(틀림없이 그것을 넘어설 날이 있다는 사실)을 명확하게 밝히는 데 있었다.

생산관계의 엄격한 자본주의적 논리를 취하기 위해 관리직과 사무직(이 논리가 양자를 결합시킨다)에 대한 착취를 이윤율 극대화라는 그 기능과의 관계로 이해할 필요가 있다. 이러한 임금소득자들의 능력을 고려하여 만약 그들이 생산적 노동자로 고용되었더라면 창조되었을 가치에 대해 질문해 보았자 아무 소용이 없다. 왜냐하면 이러한 노하우는 관리 업무의 장에서 표현되는 것이 아니기 때문이다. 따라서 관리직과 사무직의 이윤율 극대화에 대한 기여와 보수(그것은 이윤으로부터 공제되는 것이기 때문에 이윤율을 감소시킨다)에 대한 비교로부터 그들이 착취당하는 정도가 명확하게 밝혀질 것이다.

3. 포스트자본주의적 생산관계의 출현

• 잡종형성

우리가 직면하고 있는 자본주의 진화의 새로운 사태를 사고하기 위해서 근본 개념에 대해 엄격하게 연구하거나 그것을 엄격하고 배타적으로 고집하는 대신에 우리가 훨씬 더 생산적이라고 생각하는 다른 관점을 채택할 수 있다. 즉, **자본주의의 내부에서 그것을 지양하는 사회관계가 싹튼다**는 것이며, 거기에서 관리직은 우리가 **관리주의**(cadrisme)라고 부를 수 있는 것 안에서 새로운 지배계급을 구성하였다는 것을 인정하는 것이다. 그래서 현대 자본주의의 복잡성은 하나의 동일한 사회구성체 내부의 두 가지 유형의 생산관계의 결합으로 해석될 수 있다. 이러한 해석은 현재는 그것으로부터 이탈하고 있는 가정상 고전적 자본주의 시대에 대한 연구에 적합한 『자본』의 개념들과의 관계뿐만 아니라 새로운 분석틀의 정교화를 예상하는, 형성 중에 있는 포스트자본주의적인 새로운 형세에 준거한 변화에 대한 분석으로 귀착한다.

생산관계의 그와 같은 잡종형성이라는 이념은 난처한 구석이 있는 듯하다. 하지만 마르크스에 의해 때때로 묘사된 봉건제 사회로부터 자본주의로의 이행이라는 주요한 전례를 들 수 있다. 예를 들어 구체제(Ancien Régime) 내에서 각각의 수입(收入)들은 구별되는 생산관계의 바로 그와 같은 조합의 표현이다. 한편으로 농노와 농민 및 도시 지역의 수공업 장인과 상인에 대한 (부역, 봉건지대 및 다양한 세금 하에서) 직접적 봉건지배와 다른 한편으로 (자본주의적 지대 및 사업과 수공업의) 임노동제를 기초로 한 자본주의적 전유를 통해 그러한 수입들을 얻어 낼 수 있었다. 하나의 이행, 즉 잡종적 형태의 표현을 보지 않고서 이러한 사회의 기능양식을 이해한다는 것은 불가능하다.

이러한 진행과정은 각각의 생산양식을 별개로 이해하도록 해주는 **개념들의 체계적 일관성을 존중해야만 한다.** 마르크스는 항상 이러한 방법에 대해 논하였지만 19세기 자본주의 태내에서 배태되어 나온 이러한 맹아적 형태에 대해서는 몇몇 구절에서 대략적으로 소묘했을 뿐이었다. 그는 거기에서 '새로운 생산형태'의 전조, 사회주의의 한 변종(variante) 또는 예비 단계(étape préliminaire)를 보았다. 그것은 아마도 실수는 아니겠지만 너무 성급한 것이었다(〈보론 9〉의 마지막 문단을 보라).

● 자본주의를 지양하는 두 가지 방식(modalité)

마르크스의 저작들 속에서 자본주의 생산양식에 대한 지양(파국이든지, 다른 형태의 진보이든지)으로 이어지는 과정들과 관련한 두 개의 논의가 나온다.

─파국은 자본주의가 통제할 수 없는 힘들에 관련되어 있다. 즉, 마법사의 제자에 대한 신화와도 같은 것이다. 자본주의는 전대미문의 생산력 발전을 자극하고, 그러한 생산력의 발전은 항상 더 폭력적인 위기로 이어진다. 그것은 생산력 수준과 더 이상 그것을 수용할 수 없는 경직된 생산관계 사이의 간격을 나타낸다. 이러한 위기를 기회로 하고, 대중투쟁의 고양을 배경으로 하여 프롤레타리아가 권력을 탈취할 것이다.

─두번째 측면은 생산의 점진적 사회화와 관련되어 있으며, 더 일반적으로는 사회의 기타 활동들의 점진적 사회화, 그리고 기능자본가의 업무 위탁과 관련되어 있다. 앞에서 말한 것처럼 마르크스는 주식회사의 발전과 임금소득 경영자의 출현을 이전의 시나리오가 〔즉, 파국이라는 시나리오를〕 암묵적으로 배제하는 생산관계의 점진적 변이인 자본주

의 내부에서 나타난 포스트자본주의적 관계로서 해석하였다.

　　오늘날까지 자본주의는 자기 자신을 변모시키면서 구조적 위기와 전쟁을 극복하여 왔다. 이러한 점진적 진화는 아직도 진행 중에 있다. 따라서 더 적합한 것은 바로 두번째 시나리오라 할 수 있다.

● 포스트자본주의와 계급 없는 사회

어떤 생산양식이 자본주의 이후에도 계속될 것이라면 그것을 성급하게 사회주의적 생산양식이라고 부르거나 계급 없는 사회라고 간주해서는 안 된다. 자본주의적이지 않은 것 전부가 반드시 프롤레타리아 또는 민중적인 것은 아니다. 관리직들이 포스트자본주의적 사회 내에서 지배계급의 위치를 차지한다고 말하는 것이 더 그럴 듯하다. 실제로 생산 시스템을 통제하는 이들이 계급을 구성하고 국가의 정권을 획득한다는 것이 마르크스주의 이론의 기본적 교훈이다. 그것은 사회주의를 목표로 했던 여러 국가들 —— 대단히 특수한 거의 정반대의 양식을 따라서, 기업과의 관계에서 국가장치가 특권적 지위를 차지하게 됨으로써 —— 에서 실제로 일어났던 일이었다.

　　그것은 명백하게 마르크스주의의 중대한 수정의 문제이다. 〔자본주의의〕 급격한 붕괴로 프롤레타리아의 지배와 계급 없는 사회가 건설되는 어떤 시기에 이른다고 하는 혁명적 테제를 기각하는 것이기 때문이다. 이러한 해석은 일단 프롤레타리아의 위대한 밤을 지나 버린 이 시점에서, 역사에 대해 다시 한 번 어떤 의미를 부여하는 것이다. 이러한 해석은 또한 그 정도는 작지만, 계급 없는 사회로의 점진적인 이행에 의거한 20세기 초의 수정주의와도 대립하는 것이다. 대중투쟁의 적절한 전개에 의해 관리직이 지배하는 그러한 단계를 일정한 단계로 이끌거나 넘어서거나, 그 자체로 회피하는 것이 어떻게 가능한가는 다른 문제이며, 이 책에서는 논하지 않는다.

● 새로운 생산관계

앞서 묘사한 진화과정은 우리가 미래를 상상해 볼 수 있도록 한다. 자본주의 태내에 맹아적 상태에 있는 새로운 사회관계를 마르크스가 『자본』에서 발전시킨 것과 유사한 이론적 체계의 정교화를 통해서 성격화하는 것이다. 이러한 현상과 그 잡종형성의 현실적 형태의 미성숙성을 고려하면, 이 기획은 의심할 바 없이 오늘날 작업할 수 있는 범위를 벗어난다. 하지만 이 작업을 착수하는 데 있어 방해되는 것은 아무것도 없다.

　미리 얘기할 수 있는 것은, 자본주의가 ─생산, 교환, 축적, 기술진보 등등과 관련하여 ─ 그 나름대로의 방식으로 수행하는 **과제들은** 분권화된 절차와 (위에서부터 아래로 집중화된) **계획화**(plantification) 과정에 부여된 상대적인 역할이 무엇이라고 하더라도 여전히 더 사회화된 형세 속에서 실현된다는 것이다.

　자본주의 내의 이러한 새로운 생산관계로부터 나타난 최초의 현상 중에 하나는 경영의 장에서 나타났다. 경영에서의 업무 위임은 애초부터 한편으로는 구상 및 감독 업무와 다른 한편으로는 반복적인 형태가 대부분인 실행 업무를 분리하는 더 강력한 양극화가 특징이었다. 이러한 분리는 관리직과 사무직의 구별에 조응하지만, 양자의 경계선을 구분하기가 곤란하며 새로운 생산관계를 좌우하는 투쟁 속에서 끊임없이 재정의되는 것이다. 거기에서 단순한 기술적 분업이 아니라 더 일반적인 새로운 계급관계의 구성을 볼 필요가 있으며, 관리직은 새로운 잠재적 지배계급으로 자리 잡는다.

이 새로운 계급관계는 (시대에 뒤떨어진 것으로 〔이후에〕 관리직과 사무직을 자본주의 중간계급으로서 결합하는) 비생산적 노동과 생산적 노동의 구별을 넘어서, 사무직과 노동자를 **피관리층**(encadrés)이라고 말할 수 있는 계급 속에 통합시켰다. 그렇다면 한편으로는 조립라인을 구상하는 엔지니어와 다른 한편으로 엔지니어의 비서 및 라인에서 일하는 노동자의 생산관계 속에서 위치가 갖는 차이를 어떻게 개념화하는가?

특히 새로운 피지배계급과 새로운 관리 지배계급 사이의 착취관계를 정의해야만 한다. **잉여가치론**이 설명하는 대상은 이러한 착취관계라 할 수 없다. (중앙행정기관, 의료, 교육 등등과 같은 개별적인 서비스를 포함하는) 기업의 경계를 넘어서는 메커니즘들을 따라서, 이러한 착취가 자본주의보다 더 집합적인 성격을 지닌다는 것은 사회화라는 매우 거대한 차원에서 제기된다.

이러한 사회의 정치형태에 대해 말하자면 독재적 성격을 지니는지 민주주의적 성격을 지니는지는 그 본질적인 면에서 아무것도 의미하는 바가 없다. 생산수단의 사회적 소유를 민주주의의 부재와 연결시키는 것(소비에트 모델)과 동일하게 생산수단의 사적 소유를 민주주의 조건이라고 하는 것 모두 잘못이다. 하지만 이러한 소유의 폐지가 진보된 형태의 민주주의를 보장한다고 생각하는 것도 똑같이 잘못이다.

시장 사회주의 및 자주관리에 대한 많은 문헌들이 적당한 수준에서, 그리고 그것을 인정하고 있는 것도 아니지만 일정한 민주주의의 변형태 속에서 관리직에 의해 지배되는 사회를 지향하고 있다는 것을 지적할 수 있다.

4. 사회구성체로서 자본-관리주의

이러한 해석에 따르면 현재의 사회는 이중의 논리, 즉 **자본-관리주의** (capito-cadrisme)라고 말할 수 있는 사회구성체의 논리에 입각하고 있다. 우리가 살고 있는 사회는 자본주의 범주들과 자본이 제거된, 현재 출현 도상에 있는 **순수 관리주의**의 범주들을 결합시킨다.

● 자본-관리주의

자본-관리주의라는 표현은 **관리직**이라는 용어를 명시적으로 지칭하고 있다는 점에서 미국에서 수입된 **경영자 자본주의**(capitalisme managérial) 라는 표현보다 더 타당하다고 생각된다. 사실 관리직이 주요 임금소득 자 계급 속에 결합될 필요가 없는 특수한 계급을 형성한다는 테제를 마르크스주의자들은 거부하는데, 이것이 이러한 **관리주의**(cadriste)와 같은 용어 또는 새로운 용어의 사용을 망설이게 한다. 이런 태도에 대해서는 투쟁을 벌여야만 한다.

특히 피에르 부르디외(Pierre Bourdieu)의 저작들을 중심으로 한 현대 사회학을 통해 마르크스주의의 외부에서 그리고 그 고유한 개념들을 가지고 우리가 **관리주의**라고 부른, 지식과 능력(문화자본)에 입각한 또 다른 사회적 관계의 존재를 인식하게 되었다. 과거 1세기 동안 이러한 사회관계는 매우 광범위한 문헌들 속에서 논의되었다. 미국에서는 **경영자 자본주의**라는 범주(그것을 보급한 사람은 존 케네스 갤브레이스John Kenneth Galbraith이다)를 통해 논의되었다. **관리직**(cadre)이라는 용어는 경영자 자본주의의 **경영자**(manager)에 대한 번역어인데, (인텔리, 테크노크라트 또는 관료라는 범주를 통한) 현실 사회주의 국가들의 본질에 대

〈도식 3〉 자본-관리주의의 계급들

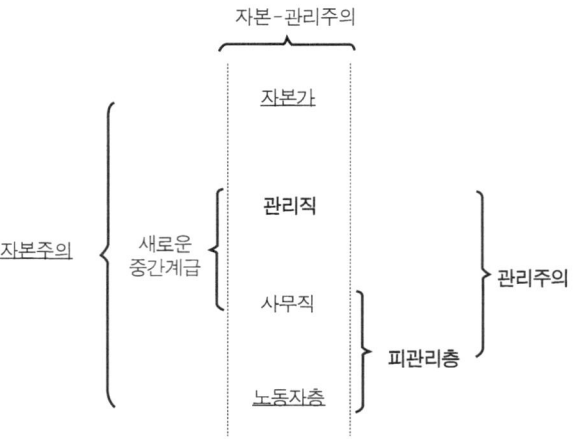

한 논의 속에서도 등장하였다.

〈도식 3〉에 볼 수 있듯이, 자본-관리주의의 계급구조(중간 수직 부분)는 자본주의에 고유한 **자본가**와 **노동자** 사이의 모순(도표의 좌측), 그리고 **관리직**과 우리가 전체적으로 **피관리층으로** 부른 이들 사이의 모순(우측)이 결합된 결과이다. 이러한 계급구조는 현실 계급들에 특징적인 위계제이다. ① 생산수단의 자본주의적 소유자, ② 관리직, 그리고 사무직과 노동자. 두 하위 그룹 사이의 신분 차이에 관련하여 ②에서 ③ 사무직과 ④ 노동자를 분리할 수 있다.

도식의 정점에 위치하고 있는 자본주의적 소유자는 이제 주로 금융 안에 체현되어 있다는 사실을 환기할 필요가 있다.

• 자본주의적 관계의 정치적 유지와 그 우위성

생산수단의 소유는 생산과는 상당한 거리를 둔 채, 자본주의 역사의 흐름을 따라 금융 속에서 끊임없이 집적되고 집중되면서 증대된 제도적 특징의 형태를 지니게 되는 방향으로 변용되었다. 자기 자신 및 가까운 사람들의 기금을 관리하면서, 노동자들에 대립하는 **자본가**라는 인격에서는 멀리 벗어나고 있다. 관리주의적 관계가 끊임없이 강고화되었으며, 자본주의적 소유를 위협하였다. 그러한 이행과 잡종형성이 발생하는 상황에서 낡은 계급과 새로운 계급들 사이의 타협이 불가피해졌다. 특히 국가 내에서 그리고 기업들의 관리 면에서 그 결실이 맺어졌다.

　—자본-관리주의의 계급구조 위에서 정치적 지배가 이루어진다. 국가는 그 정치적 지배의 제도적 표현이며, 그것은 불가피한 타협들의 조건이다. 이러한 타협들은 역사의 과정 속에서 수정된다. 그래서 이러한 국가와 계급들 사이의 관계는 권력형세의 흐름에 따라 제2차 세계대전 이후 신자유주의 시대까지 수십 년간 질적으로 상당히 변화되었다(이에 대해서는 다음 장에서 다룰 것이다).

　—일종의 **소유와 관리 사이의 인터페이스**(interface propriété-gestion)가 존재하는데, 그것의 본질적 제도가 이사회(conseil d'administration)이다. 거기에서 위계제 상위에 존재하는 경영자와 경제활동을 통제하는 데 여전히 관여하고 있는 소유자들 분파가 서로 협력하고 있다. 그것은 자본가와 관리직 사이의 타협 및 자본가 지배를 유지하는 본질적 장소 중의 하나이다.

　현실 사회주의 국가들은 예외로 하자면, 〈도식 3〉의 위에서부터 아래로 향하는 권력의 일반적 위계가 일시적으로 완화될 수 있는 중요한 민족적 특수성이 존재하기도 했지만, 근본적으로 재검토된 적은 결코 없었다. 자본-관리주의 국가들은 여전히 **자본주의 국가**들과 같은 성격을 가지고 있다. 관리직의 역할 증대가 20세기에 일어난 전환들에서 관찰된다. 하지만 신자유주의는 자본소유자의 권력 우위를 재건하고, 그것을 새롭게 세계화하는 경향이 있다. 요약하자면, 현대 자본주의의 복잡한 시스템이 자본가계급이 활동하는 장소인 것은 변함이 없고, 미국에서는 금융적 부가 20세기의 초반과 같이 극히 소수의 손에 집중되고 있다.

8장_진행 중인 역사

이 장에서는 이 책 속에서 묘사된 중추적 해석들을 집약적으로 나타내려고 한다. 생산관계의 변이와 그리고 그러한 변이를 일으키도록 하는 계급과 투쟁의 구조 변용에 대한 근본적 사고가 존재한다. 이러한 요소들로부터 **주요한 권력형세들**——신자유주의는 그 권력형세의 최종적인 화신이다——의 계기들이 나타난다. 이 거대한 운동의 합리성이 그 고유한 동역학으로부터 유래한다면, 기술변화 경향들의 계기, 수입형성을 지배하는 메커니즘의 잠재적 작용 및 경쟁과정과 거시적 불안정성의 항상성이 독립적으로 이해될 수는 없을 것이다. 이러한 운동은 구조적 위기라는 계기에 의해 점철되어 있다. 지금 중요한 문제는 **과정**들을 강조하고 상호의존적 설명을 더욱더 진전시키는 것이다.

1. 20세기의 금융과 관리

지금부터는 20세기에 발생한 자본주의의 **거대한 변이**에 대한 해석을 **관리직 가설**이라고 부르는 것과 연관시켜서 재정식화할 것이다.

1) 자본주의적 관계에 대한 위협과 자본-관리주의에서의 부흥

19세기 말 미국과 유럽에서 자본주의의 위기가 발생하였다. 이 구조적 위기는 이윤율 감소 국면에 이어서 발생하였다. 기계화와 기업 규모의 확대로 나타난 기술적 전환이 동시에 이윤율 저하와 경쟁의 위기로 귀착하였다.

다음과 같은 새로운 관계의 두 가지 특징이 자본주의의 갱신에 중요한 역할을 했다.

—생산력의 진보를 표현하는 기업 규모의 확대로 인한 새로운 자금 수요는 금융의 출현을 야기하였다. 이러한 금융의 발전은 일정한 방법으로 경쟁 문제를 **해결**하는 것이었다. 그것이 새로운 부문으로의 진입에 필요한 엄청난 양의 자금 동원을 가능케 했기 때문이다. 그것으로 인해 생산력의 진보가 해방되었다. 자본주의적 소유의 새로운 형태는 금융에 의해 규정되었고, 그에 따라서 지배계급과 생산관계의 새로운 형세가 설정되었다.

—기업 규모의 확대는 그때부터 훨씬 복잡해진 관리 업무를 광범위한 임금소득자 계층, 즉 관리직과 사무직에 위임하는 것으로 이어졌다. 관리혁명이 비약적인 발전을 이룩한 것은 바로 이러한 배경 아래에서 이루어졌다. 이러한 두번째 발전은 이윤율 상승의 조건을 만들어 내어 19세기 말 이윤율 저하가 생산력의 진보에 부과한 위협을 **해결**했다. 자본주의적 소유의 두번째 구성요소인 경영은 변용되었고, 그것은 새로운 집단을 새로운 계급으로 설정하면서 생산관계의 전환을 완성시켰다.

그래서 자신의 문제는 해결하지만 자본-관리주의에 의한 지양을 담지하고 있는 메커니즘의 출현을 대가로 하여, 자본주의적 관계가 연장되었다.

2) 관리직과 금융의 대결

금융과 관리직은 자본주의의 역사적 모순을 해결하는 데 결정적 기여를 하면서 계급투쟁 ── 적어도 지배계급 분파 사이의 투쟁 ── 의 제일선으로 밀려 나오게 되었다. 따라서 역사가 복잡화된다. 자본가와 프롤레타리아 사이의 양극화된 적대는 자본-관리주의라는 더 복잡한 구조 속에서 해체되었다.

20세기 초반 이후의 자본주의 역사에 대한 우리의 해석은 이와 같이 **금융과 관리직 사이의 계급관계를** 특히 중시한다. 지배계급 분파 사이의 관계이기 때문에 이 관계는 **협력과 투쟁**으로 구성된다.

──우선 협력은 경제와 사회 전체 문제에 대한 관리와 연루된 주요 직무들을 공동으로 수행하는 것으로 표현된다. 두 계급을 접합시키는 두번째 측면은 대중투쟁에 직면하여 지배계급으로서 그들의 공동의 우위를 보전하는 것이다(그렇지만 지배계급의 각 구성요소는 대중투쟁에 따르는 위험을 고려하면서 그것을 일정 정도 도구로서 이용할 수 있다).

──결국 투쟁은 확립과정에 있는 관리주의적 관계가 자립화하는 것이 가능하도록 해준다. 이러한 자립화는 자본주의적 소유의 일정한 특권을 유지하는 맥락(거기에서 관리주의적 관계는 특히 소유자의 이해관계에서 부분적으로 해방된 새로운 관리수단 및 국가 개입의 형태를 띠고 있다) 속에 있으며, 잠재적으로 포스트자본주의 속에 있다.

계급구조와 그로부터 나오는 투쟁은 더 풍부하고 복잡함에도 불구하고, 특히 대중투쟁은 항상 일반적 동역학의 조건이 되는데, 이러한 관리직과 금융 사이의 계급관계의 실행양식은 20세기 초 이후 우리가 **주요 권력형세와 타협**이라고 명명한 것의 주요 측면을 규정한다.

역사적 소재의 윤곽을 뚜렷이 드러낼 필요성에 직면하여, 여기서는 다음과 같은 세 가지 주요한 형세의 계기를 특히 중시할 것이다. ① 19세기부터 20세기로의 전환기의 새로운 소유제도의 출현으로부터 1929년 대공황과 제2차 세계대전까지의 첫번째 금융 헤게모니의 시대. ② 케인스주의적 타협과 우리가 〔오히려〕 관리주의적 타협이라고 부르길 제안하는 시기. 관리주의적 타협은 1970년대와 80년대 신자유주의가 확립될 때까지 지속되었다. ③ 두번째 금융 헤게모니로서 신자유주의.

2. 금융의 첫번째 헤게모니와 관리직의 부상

1) 금융, 관리직 및 전통적 경영자

20세기 초에 정치적 규정의 핵심에는 금융과 관리자의 상층, 즉 관리직과 같은 두 계급 또는 계급분파 사이의 타협이 자리 잡고 있다. 이러한 관계는 확립과정에 있는 자본-관리주의와 같은 새로운 질서의 중심 요소라고 보아야 한다. 이 우선적 요소 외부에서, 타협은 일정 정도로 생산체계의 후진적 부문에 있는 자본주의적 소유자——자본주의의 새로운 흐름에서 밀려난 사람들——에게까지 미쳤다. 변화가 급속했음에도 불구하고 조금도 순간적이거나 균일하지 않았다.

이런 타협 속에서 금융은 헤게모니적 위치를 점했다. 상승 중에 있었음에도 불구하고 관리직은 신생 세력이었다. 금융기관들 속에서 아직 그들의 존재는 미미한 것이었다(관리주의적 전환은 교통과 통신 및 기술적으로 적합한 특정 산업들에서 발생했다). 소유자들 중 뒤떨어진 분파들에 대해서 말하자면 그들은 이미 과거의 세력이었다. 금융이 제도적 전환의 흐름을 지배하고 그 고유한 이익 또는 고유한 이익이라고 상정되는 이익을 반영하는 규칙에 따라서 화폐·금융 메커니즘을 통제하였다.

2) 계급투쟁

이러한 새로운 형세의 출현과 영속화는 계급투쟁의 표현이다.

　—전통적인 자본주의적 소유자들은 정부제도 내의 정치적 행위들을 통해 보호무역주의와 반독점적 입법을 관철시켜 자신들을 보호하려는 경향이 있다. 사람들은 그들이 그러한 입법을 저지하려고 하지만, 중단시키려고 하지 않는다는 것을 알고 있다. 이러한 소경영자들은 자기 입장을 강화하기 위해서 **트러스트**로 분류되는 대기업과 대립하는 농민 및 노동자들의 반응을 이용하였다. 대기업의 관리직들은 20세기 초에 자신들의 기업에서 실현된 초과이윤을 사용하여, 수익성이 붕괴한 전통적 부문의 수중에 존재하지 않았던 일정하게 진보된 형태의 사회보장으로 회답하였다(Weinstein, 1968). 그렇기는 하지만 이러한 타협이 노동자운동, 특히 그 혁명적 요소들에 대한 억압과 분리 불가능하다는 것을 잊어서는 안 된다. 자본의 지휘 아래 생산관계의 새로운 진보를 정의하는 주조틀 안에 노동자들의 저항을 가두는 것이 목표였다.

　—새로운 장치의 **핵심**으로 지칭된 것이 동일하게 그것의 주요 모순을 정의한다. 그것은 금융과 관리직 사이의 관계이다. (높은 효율성 유지에 의한) 기업 내의 관리직 권력의 신장이 자본주의의 새로운 흐름을 터놓았다면, 바로 그것이 소유자의 우세한 지위에 대한 위협이 됐을 것이다. 두 가지 측면을 구분할 수 있을 것이다. 우선 소유자들에 대한 위협은 기업통제권의 상실과 관계된다. 이 위험은 매우 신속하게 인식되어, 이윽고 광범위한 논쟁과 관련문헌들의 원천이 되었다(Berle and Means, 1932). 두번째로 거시정책 결정의 집중화와 연결된 운동이 거대한 동요를 일으켰다. 금융이 경제의 지배적인 위치를 점하고 있었음에도 그러한 운동으로 인해 금융 업무의 전문가로의 위임을 강화하였기 때문이었다.

3) 생산력의 진보와 결부된 위험

새로운 생산관계가 불러일으키는 생산력의 진보는 그 자체가 모순 없이 진행되는 것은 아니다. 관리의 진보와 금융의 발전이 거시경제적 안정성에 미치는 결과들과 관련한 중요한 문제가 남아 있다. 금융과 현대적 관리의 동시적 출현은 거시경제적 불안정성의 조건들을 **야기**하였다.

　　—교환과 관리 고유의 〔의사〕결정이 촉진되었고, 그것은 4장에서 설명한 메커니즘(규모의 불안정성과 경향적 불안정성 테제)에 따라서 경제활동의 일반적인 확장과 누적적 붕괴의 잠재적 가능성의 증대로 연결되었다.

　　—화폐·금융 메커니즘의 폭발은 불안정성 증대의 조건들을 만들어 냈다.

　　—다른 한편으로 연방준비은행의 창설에도 불구하고 규제조치와 경제정책은 아직도 극히 취약하였다.

　　—거기에 본질적으로 확립도상에 있는 현대적 부문과 전통적 기업들이 공존하는 생산관계의 일반화가 추가되었다.

　　잇따라 발생한 위기(1893, 1907, 1921, 1929……)로 미국의 경우에는 거대 금융기관에 의해 실행되고 있던 화폐·금융 메커니즘의 사전적 통제가 시대에 뒤떨어진 것으로 나타났고, 차츰 훨씬 더 잘 조정된 민간 개입과 점진적인 공적 개입이 일어났다. 하지만 우리가 **경향적 불안정화**라고 부른 과정을 따라서 위기는 해소되지 않았다. 1929년 대공황을 통해서 거시경제적 통제에 대한 금융의 무능력과 시대에 뒤떨어진 부문에 의해 쇠퇴된 영역의 부적합성이 드러났다. 1929년에 경기후퇴가 발생하자 앞선 문제들이 경기후퇴의 효과와 결합되어 침체로 전환되었고, 첫번째 금융 헤게모니의 종지부를 찍었다.

3. 관리직 권력의 우위

뉴딜과 제2차 세계대전 후의 자본주의에 고유한 정치·경제적 형세를 나타내기 위해서, 이 호칭의 한계에도 불구하고 **케인스주의적 타협**이라는 표현이 사용된다. 여기에서는 동일한 형세를 지칭하는 것으로 **관리주의적 타협**이라고 다시 부르길 제안한다.

1929년 대공황에 앞서 수립된 정치적 형세는 금융 헤게모니 아래에서 형성된 금융과 관리직 사이의 타협이라는 성격을 가졌다. 1929년 대공황은 구조적 위기로서 관리직에 유리한 방향으로 이러한 위계관계를 변용시키는 조건을 만들어 냈으며, 이러한 변용은 제도 및 경제정책의 근본적인 변질로 나타났고, 새로운 사회화 과정을 가능하게 하였다.

1) 1929년 대공황과 관리직의 부상

20세기 초반 이후에는 관리직의 성과를 매우 칭송하는 분위기였고, 곤란한 상황에 직면한 미국 경제의 잠재적 구원자로 형상화되었다. 그들은 문제를 해결하기 위해서 기업으로부터 지방자치단체로 그리고 점점 더 정부기관들로 진출했다. 경영자주의와 기술관료주의적 조류가 20세기 초반을 풍미하였다. 제1차 세계대전은 경제에 대한 집중화된 관리의 잠재적 가능성을 증명했다(시사적인 징조이지만, 제1차 세계대전이 종결될 즈음, 유명한 미국의 제도주의자 소스타인 베블런은 **기술자들의 소비에트**에 권력을 부여하길 원했다). **뉴딜**은 행정당국자의 비호 아래에서 이루어진 행위주체들 간의 협력 덕택으로 가격과 임금을 교섭에 의해 고정시키는 등, 시장의 집중화된 조직화를 통해 경제를 구제할 수 있었다. **뉴딜**의 가장 활동적인 관리직을 **계획가**(planificateurs)라고 불렀다. 제2차 세계대전 중, 국가는 새롭게 경제 운영에 직접적으로 개입하고 민간투자 중 거대 부분을 대체하게 되었다.

하지만 사실 미국에서 한편으로 공공부문 및 민간부문의 관리직과 다른 한편으로 자본주의적 소유자들 사이의 관계가 성립된 것은 제2차 세계대전이 종료될 즈음이었다. 그때가 되서야 타협이 실효적인 것이 되어 화폐·금융 메커니즘의 중앙 통제가 확립되었고, 동시에 국내·국제적인 금융활동이 규제되었다. 결국 이전의 금융 헤게모니에 종지부를 찍었지만, 사회의 자본주의적 기반은 보존되었다. 미국에서 말하는 것처럼 금융은 **억압**되었지만 파괴되지는 않았다.

이미 널리 알려진 의미에서 케인스주의적 측면(거시경제정책, 사회보장) 이외에, 이러한 타협은 혼합경제로 형언될 수 있는 사태들(국유화, 자본배분에 대한 개입, 공공 서비스, 의료, 교육, 연구 등등)로 구체화되었다. 소유자들의 요구에 직접적으로 통제되지 않는 기업들의 생존 가능성이 증명되면서, 대안들이 명확해지게 되었다. 서로 다른 용도에 따른 자본의 배치는 대기업 내부(특히 **복합기업**conglomérats이라고 불리는 것 내부에서)에서의 자체적인 활동의 다각화 경향으로 나타났다. 이러한 대안적 기능양식은 기업의 한계를 넘어섰고, 프랑스의 경제계획과 일본의 MITI와 같은(2장), 집중화된 경제활동에 대한 통제로 이어졌다.

(미국과 유럽, 일본의) 세계대전 이후의 경험이 갖고 있는 국제적인 다양성에도 불구하고 다음과 같은 공통의 특징이 있다. 자본가의 전일적 지배로부터 부분적으로 자립한 새로운 관리양식의 중심에 민간부문과 행정기관 안에서 조직과 관리[업무]를 떠맡고 있는 **관리직**이 존재한다. 이러한 의미에서 케인스주의적이라고 부르기보다는 더 일반화시켜서 **관리주의적** 타협이라고 부르는 것이 더 타당하다고 볼 수 있다. 일본

과 같은 특정한 나라에 대해서는 **관리직 헤게모니**라는 정식을 제기할 수도 있지만 이 용어법을 모든 나라들, 특히 미국에 적용할 수는 없을 것이다. 유럽은 의심할 바 없이 그 중간적인 사례로 평가할 수 있다.

요약해 보자면, 대체로 사회와 경제, 기업에 대한 관리 속에서 관리직의 자율성 증대가 일어난 과거 몇십 년 동안은 자본주의적 전환이 잠재적으로 생산수단의 소유자에게 긴밀한 이해를 초월할 수 있는 가능성을 담지하고 있다는 것을 보여 주었다.

2) 계급투쟁

1929년 대공황과 제2차 세계대전이 일으킨 이러한 대혼란은 국내적이고도 국제적인 계급투쟁의 맥락에서 이해해야만 한다. 아마 자본주의가 이와 같은 대중의 위협에 노출된 적은 이전에 없었을 것이다. 그렇지만 제2차 세계대전 이후, 미국은 새로운 근대성을 체현하였고, '자유세계'라 부르기로 합의한 것의 구원자로서 등장하였다. 미국은 공산주의의 위협에 직면하여 세계에 새로운 타협을 강제하려고 시도하였다.

소유자에 대한 관리직의 자율성은 관리직이 일반 이익의 보증자라고 하는 유리한 자세를 취하고 있었으므로, 과거의 대중계급과의 타협에 단단히 의존하게 되었다. 그래서 실질임금과 사회보장의 더 급격한 향상 및 국가 재원의 증대를 가능하게 하면서, 기업의 수익성을 위태롭게 하지 않는 새로운 기술변화의 유리한 흐름이 확립되지 않았으면 이 수십 년간의 타협은 **불가능했을 것이다**. 게다가 거시경제적 불안정성은 4장에서 묘사했던 것처럼 항상 불완전한 방식으로 억제되었다. 전체적인 수요 수준은 신용에 대한 거시경제적 움직임(그 대상이 사적 행위자 또는 국가인지에 관계없이)에 의해 끊임없이 조정된다. 그것은 실업을 억제할 수 있도록 해주며 사회적 타협에 대중계급을 끌어들인다.

　　전후 수십 년 동안 국가기관들을 통해서 사회에 대한 관리직의 지배권이 확립되었다. 하지만 그렇다고 해서 다른 영역, 즉 민간기업들의 영역을 망각해서는 안 된다.

　　관리주의적 타협의 시기에 금융은 그 특권을 회복하기 위해서 끊임없이 활동하였다. 이 과정에 대해 분석가들은 이러한 은밀한 복권의 국제적 차원에 대해 주장한다(Helleiner, 1994의 훌륭한 연구를 참고할 수 있다). 특히 **유로달러** 시장의 출현을 통해 국제금융은 (브레턴우즈 협정의 결과로 생겨난) 양차 대전 이후의 장치들 속에서 돌파구를 마련할 수 있었다. 1970년대 초반 달러의 위기는 새로운 지표를 세웠다. 그것은 변동환율제도로의 이행과 자본의 국제적 이동에 대한 제한의 점진적인 후퇴와 소멸을 의미하는 것이었다.

3) 1970년대 위기의 충격

관리직의 우위가 강조되던 최초 국면 속에서 **자본–관리주의**의 예외적인 성과는 20세기 초 새로운 기술변화의 흐름으로 구체화되었다(34쪽 〈도표 1〉의 국면 ②). 제2차 세계대전 이후에 이러한 성과가 지속된 것은 **영광의 30년**이라는 표현으로 칭송된다. 반세기를 넘어 미친 이러한 성과에도 불구하고, 관리직의 우위는 1970년대에 그 한계와 약점을 드러냈다.

　　이윤율의 저하가 주범이다. 기술·조직 혁명은 경제 전 부문에 퍼져나갔고, 기술변화의 형태에 의한 효과는 더 이상 지속되지 않았다. 기술이 퇴보한 것은 아니지만, 기술변화의 흐름이 다시 마르크스적 성격을 띠게 되었다. 특히 정보·통신 기술의 발전의 덕택으로 여러 가지 가능성이 지평선 위로 부상했음에도 불구하고, 갑작스럽게 영향받은 구 사회질서 탓에 수익성 형태로 응용되는 데까지는 시간이 걸렸다. 그다지 이롭지 않은 기술변화의 형태가 사회진보의 주요한 구성요소(구매력, 교육, 사회보장 등등)의 진전을 지연시킴으로써 관리직과 다른 임금소득자들 사이의 타협의 유대를 파괴하였다.

1970년대 구조적 위기에 대한 관리는 경제활동의 과도한 부양으로 이어졌다. 인플레이션을 통해 소유자계급에게 막대한 손실을 끼치는 중요한 소득의 이전이 일어났다. 그것은 비금융기업에 대해 발생하는 위기 효과를 지연시켰지만 구조적 요인을 제시하고 해결한 것은 아니었다. 이러한 상황은 특권들의 회복을 목표로 하는 금융의 꾸준한 전복 작업을 출현시켰으며, 그것은 두번째 금융 헤게모니로 귀결되었다.

4. 두번째 금융 헤게모니와 신자유주의

신자유주의의 계급적 본성과 금융이 거기에서 행한 중심적 역할에 관해서는 이미 3장에서 명확하게 밝힌 바 있다. 비용과 편익에 대한 대차대조표가 명백하게 지배계급에게 유리한 결과를 보여 주고 있다. 우리는 여기에서 신자유주의의 성격을 생산력과 생산관계의 일정한 발전단계에 발생한 권력형세로서 더 명확하게 규정하며, 그러한 권력형세로 이르게 된 계급투쟁을 정의하고자 한다. 그리고 마지막으로는 계속적인 생산력의 발전이 신자유주의와 맞닥뜨리고 있는 도전을 강조할 것이다.

1) 새로운 생산관계와 새로운 권력형세

• 생산력과 생산관계

신자유주의의 출현과 더불어, 그 고유의 목적과는 독립적인 생산력과 생산관계의 역사적 동역학의 새로운 에피소드가 나타났다. 1970년대의 위기는 19세기부터 20세기로의 이행기에 기록된 전환(특히, 생산단위 규모의 확대 및 화폐·금융기관 규모의 폭발적 증대와 이 영역 내에서 발생한 다수의 혁신)의 연속성 속에 직접적으로 자리하고 있는 전환으로 이어졌다. 의심할 바 없이 경제의 세계적 확대의 강화가 새로운 주요 요소이다. 즉, 세계화 또는 글로벌라이제이션이다. 이러한 새로운 질서는 미국 지배를 확고하게 하며, 초민족기업의 우위를 강화한다. 신자유주의는 거대한 진화를 중지시키지는 못했지만 그 방향을 굴절시켰다(3장).

● 권력형세

신자유주의의 성격을 말해 주는 것으로 우리가 열거하고 있는 모든 특징들은 두번째 금융 헤게모니로 성격화할 수 있는 새로운 권력형세에 대한 명제로 수렴된다. 관리직과 대중계급에게 부과된 규율, 금융이 자기에게 부여한 자유와 금융에 유리하도록 하는 수입흐름의 갱신, 이것들이 이 방향 속에서 서로 투쟁하고 있다.

　　신자유주의는 여느 권력형세와 마찬가지로 타협에 기초하고 있다. 비록 이 타협이 이전 시기보다 덜 제약되어 있는 지배계급을 전제한다고 해도 말이다. 우선 **소유-관리의 인터페이스**라 불리는 상층 관리자와 수립된 관계와 연관된다. 이러한 동맹은 신자유주의적 개혁 내에서 초국적 거대기업이 갖고 있는 세계적 확장전략들의 이해를 표현하는 것이다. 다른 한편으로 이 관리자들은 거대한 규모의 수당[스톡옵션]에 의해 사태의 새로운 흐름에 결합된다. 하지만 이 타협도 마찬가지로 중간계급까지 확장된다.

　　―신자유주의적 권력은 저축자와 퇴직자 또는 이와 비슷한 계층들

에 의지하고 있다. **모두가 자본가이다!** 신자유주의는 주식시장의 상승기에 그들을 신자유주의적 번영 속에 일정 정도로 결합시키기도 하지만, 급변하는 사태 속에 노출시키기도 한다.

　—사회적 국가[복지국가]의 구조들에 대한 공격은 명백히 선택적이다. 보건이 대상이 되든지 학교가 대상이 되든지 간에 가장 영향을 받는 것은 대중계급이다. 모든 곳에서 이중적 사회가 생겨난다. 다만 유럽에서는 사회-신자유주의가 우세하기 때문에 이러한 양극화는 아마 미국에서 보다 강하게 나타날 것이다.

　이러한 광범위한 인구층에 대한 침투는 금융 헤게모니로서 신자유주의의 계급적 현실을 부정하는 것은 아니지만 민주주의 사회 내부에 타협의 필연성이라고 하는 계급과 국가에 대한 마르크스주의적 분석의 몇 가지 특징을 상기시키는 것이다. 이러한 개념은 신자유주의적 질서의 계급적 본질, 말하자면 지배계급 한 분파의 헤게모니로의 복귀와 대부분 속아 넘어가기 쉬운, 시장 속에서의 더 광범위한 계층들의 결합을 동시에 명확하게 파악하게 한다.

2) 계급투쟁

• 신자유주의 확립의 요소들과 금융의 행동

신자유주의의 확립에 대해서 단일한 원인으로 설명할 수는 없다. 신자유주의 도래의 설명요인으로서 신자유주의의 역사, 기술변화와 구조적 위기가 나타내는 역사의 국면들 속에서 서로 다른 나라들의 국제적 경쟁, 대안적 가능성들의 실패 등등이 거론된다. 다음 세 가지 요인을 생각해 볼 수 있다.

　—이전의 권력형세의 경우와 동일하게 본질적 요인은 구조적 위기

의 발생에 있다. 바로 1970년대의 위기와 그 위기로 나타난 인플레이션이 그 사례다.

— 하지만 대중투쟁의 약화라는 배경 속에서 이러한 전환기의 상황은 매우 정치적이다. 현실 사회주의 국가들의 위기가 여기에서 주요한 역할을 한다. 그 국가들의 위기는 이미 오래전부터 납득할 수 없었던 사람들에게 발본적 대안의 부재를 뚜렷이 드러내는 것이었다.

— 거기에 미국이 경제적 측면에서나 정치적 측면에서 미국 헤게모니의 후퇴를 자각하고 있었다는 것을 추가하여야 한다. 이러한 태도는 특히 군사적으로 미국 지배력의 재확립을 주장하던 레이건이라는 인물 주위에서 어떤 합의를 가능케 한다(Ferguson, 1995). 영국에서도 마찬가지로 대처의 과도한 금융적 선택에 대한 주장에 강력한 설득력을 부여하는 데 영국 산업의 쇠퇴에 대한 인식이 유사한 역할을 하였다.

신자유주의의 부상을 분석하는 데 있어, 확실히 **음모론적** 관점으로 역사를 해석하는 일은 피할 필요가 있다. 금융 헤게모니의 회귀는 지배계급의 무모한 대표자에 의해 발생한 도발적 행동의 표현이 아니며, 우리가 **1979년의 격변**에 대해 말한다고 하더라도 금융의 이해를 체현한 어떤 정당의 작품도 아니다. 하지만, 여러 분석들이 보여 주고 있는 것처럼 볼커의 연방준비제도 이사회 의장 임명에 대응하는 정책적 흐름의 변화 배후에서 미국 금융의 존재를 확인하는 것은 어렵지 않다(Greider, 1987). 금융은 신자유주의적 타협의 구성요소들을 자기의 배후에 끌어넣고 있었다. 그리고 그것을 인구 중에서 가장 유복한 계층에게 보여 주어 그들을 끌어들였다. 미국의 민주당과 공화당 선거의 경제적 기반에 대해 말하는 것이 항상 쉬운 일은 아니지만, 레이건의 당선은 가장 높은 소득 계층의 지지에 의한 것이었다(Edsal, 1989).

이런 역사적 조건에서 **어떤** 사회질서든지 출현할 수 있는 것은 아니다.

—어떤 지배계급의 이익이라는 관점에서부터 일차적 해석을 진행할 수 있다(3장). 위기로부터의 탈출 및 실업과의 투쟁이 아니라 인플레이션을 막아 새로운 수입흐름을 만들어 내고, 더 유리한 지위에 있는 계급들의 자산을 회복시키는 것이 문제이다.

—그렇지만 신자유주의적 전환기의 근본적 목적은 이러한 편협한 이해를 넘어섰다. 이것은 자본-관리주의의 내부에서 관리주의적 과거에 종지부를 찍었다. 그 이유는 위기가 민간부문과 공공부문 관리직의 자율성과 역할 증대를 위해 이용될 수 있는 발본적 대안들로 연결될 위험이 존재했기 때문이었다. 금융은 이 흐름을 반전시켜 소유자의 뜻을 따르도록 하였다.

이러한 신자유주의 확립의 역사는 피지배계급을 거의 무시하고 있는 것처럼 보인다. 피지배계급이 자본주의적 질서에 부여한 위협이 없었다면 지배계급의 음모의 범위는 훨씬 넓었을 것이라는 사실을 환기할 필요가 있다. 따라서 1970년대와 80년대의 대중투쟁에 대한 억압이 신자유주의적 질서의 최초 단계를 나타낸다는 것은 놀랄 일이 아니다. 어떤 구조적 위기 속에도 새로운 사회질서의 출현의 어려움과 정체 상태에 머무를 결부된 위험 사이에는 긴장관계가 존재한다.

• 세계 금융의 투쟁

신자유주의적 세계화를 전면적인 외부로부터, 주로 미국으로부터의 강압—그것이 바로 본질적 특징 중에 하나임에도 불구하고—에 의한 것으로 해석할 필요는 없다. 세계 금융업계의 협력은 폭넓게 이루어지고 있다. 그것은 유럽, 일본, 아시아, 라틴아메리카 등의 사례에서 드러나고 있다.

예를 들어, 유럽 대륙은 1970년대와 80년대에 점차 신자유주의에 결합되었다. 그 주요 요인은 신자유주의 속에서 만들어지고 그 속에서 정점에 도달한, **세계 금융의 거대한 체계 속에 포함된 각지에 있는**(locales) **금융업계의 의지**였다. 다르게 말하자면, 미국 또는 영국의 금융에 의한 세계 화폐·금융 사업의 독점을 허용하지만 자기들도 주변적인 존재가 되지 않겠다는 의지였다.

그래서 유럽의 금융과 화폐는 직접 자신을 세계적인 것으로 구성하였다. 유럽 내부의 자본의 국제적 이동성과 세계적 이동성 사이의 구별은 무의미했다. 유럽의 금융 자유화는 처음부터 세계 금융 속에 통합되었다. 이러한 유럽 금융의 비정상적 성과의 결과는 막대하였다. 그것은 유로의 도입에도 불구하고, 거시경제정책과 발전정책 수행에서 유럽 대륙의 자율적 행동이 불가능하게 하였다. 유럽은 자신이 신자유주의적 상황 속에서 종속적 위치에 있다는 것을 알게 되었다.

3) 생산력 발전의 문제

그렇기는 하지만 중심부 국가들에서 20년 동안 발생한 기술변화의 경향은 역사가 정지된 것이 아님을 보여 주고 있다. 자본생산성과 (금융이 공제하는 부분을 제외한) 이윤율은 20세기 전반부를 강하게 연상시키는 상승 경향(〈도표 1〉의 국면 ④)을 나타냈다(일본은 아마 예외였을 것이다). 여기에서 생산력과 생산관계의 새로운 주요 동역학이 어떻게 나타나는지 볼 필요가 있다.

—기술과 이윤율 경향들의 회복은 부분적으로는 과거의 유산이며,

과거 수십 년 동안 행해진 정책들의 유산이다. 새로운 정보·통신 기술이 시작되었으며, 그것은 기업의 기술-조직상의 전환(이 기술은 대부분 관리 기술이었다)에서 확실히 결정적인 역할을 수행하였다. 그래서 신자유주의가 진행된 수십 년 동안 이 영역에서 이루어진 이전의 공적 투자와 민간투자의 과실을 거두어들였다. 하지만 그 영역에 대한 투자는 신자유주의 기간 동안 지속되었고 확장되었다. 마찬가지로 금융은 M&A로 기업의 구조 재편에 기여하였다(피해가 없는 것은 아니었지만).

  —신자유주의는 그 자신의 방식대로 행동하여 기업의 성장을 무시하면서, 특히 강한 수익성의 제약을 부과하였고, 그것은 부분적으로 이윤율의 새로운 흐름을 설명하는 것이었다. 실업, [투자] 철수의 위협 및 실행, 관리자의 통제(기업 지배구조)와 특정한 규제완화 형태, 이 모든 실천은 수익성을 회복시켜 그렇게 실현된 이윤을 금융이 취득하는 데 그 목적이 있었다.

  게다가 다른 가능성을 제시하지 않고, 신자유주의가 이러한 궤도 설정에 대해 갖는 책임에 대해서만 논의할 수는 없다. 다른 선택지를 이러한 새로운 효율성을 촉진하는 데 이용할 수 있었는가? 특히, 보다 작은 비용으로 그렇게 할 수 있었던 것인가? 신자유주의에 대해 실업과 경제발전(중심부보다 주변부에서 더)의 관점에서 신자유주의적 전략이 가져온 결과들을 무시해 왔다고 비난하는 것은 옳은 일이기 때문에 이러한 질문을 할 수 있다.

4) 신자유주의의 모순

신자유주의에 대한 비난은 신자유주의 그 자체의 본성에서 비롯된다. 경제를 성장정체, 과잉투기, 금융 불안정성(환경 파괴까지 말하지 않더라도)을 이끌면서 소수의 이해에 밀접한 방향으로 전환을 감행하는 것이 바로 그 본성이다. 이 신자유주의는 매우 인상적으로 첫번째 금융 헤게모니에 조응한다. 20세기 초와 같이 생산관계는 현저하게 변화되었고 새로운 기술변화의 궤적이 나타났다. 금융 메커니즘이 문자 그대로 폭발적으로 확대되었다. 동시에 시스템의 안정성을 확보하는 데 이용할 수 있는 제도적 틀의 출현이 지연되고 있음이 명확하였다(국제적 차원의 현상을 보면 예전 국면들보다 더 명확하다). 20세기 초에 연방준비은행이 미국의 거시경제적 상황을 안정화시키는 잠재적 기능을 확실히 달성하지는 못한 것과 마찬가지로, 금융에 의해 그 본래의 목적으로부터 탈선한 브레턴우즈의 기관들은 발전과 안정성을 보장하는 대신에 신자유주의 세계화와 지배계급의 이해를 확립하는 데 봉사하고 있다.

이제 금융은 주변부에서 위기의 증가와 중심부에서 금융의 기능부진에 직면하고 있다. 이러한 전개는 신자유주의가 기반하고 있는 타협(상층관리자의 수입이든 중간계급의 퇴직연금이든)을 서서히 쇠약하게 하는 영역 속에서 신자유주의 질서의 지양을 예시하는 징후들이 나타나고 있음을 보여 주고 있다. 이러한 상황은 우리에게는 놀라울 것이 없는 어떤 단면을 따라서 미국 지배의 제국주의적이고 호전적인 새로운 흐름들과 결합되고 있다. 설사 그 개별적 내용에 대해 예상하는 것은 어려울지라도, 이 흐름은 우리에게는 익숙한 자본주의의 전쟁과 위기, 투쟁의 장기적 움직임에 호응하는 것이기 때문이다. 이러한 제국주의적 폭력에는 그 자명한 국제적 목적을 넘어서 그 기초가 붕괴된 타협에 직면해 있는 지배계급 분파의 사회적 지배의 유지를 위해 행하는 역할 또한 존재한다.

금융은 세계 경제를 움직여 나가는 데 필수불가결한 주체가 아니며, 사회 일반적으로는 더욱더 그렇다. 그 방법이 어떻든지 간에 금융과의 간격을 두는 것이 관리직이 소유자의 후견으로부터 새롭게 해방되는 다른 사회적 질서로의 길을 여는 것이다. 그 모델을 사회주의를 자칭한 나라들에서가 아니라 두번째 금융 헤게모니의 또렷해진 풍부한 대안들 속에서 찾아야 함은 분명하다. 세계 각 지역과 각 나라들의 국지적 상황들에 호응하는 새로운 발전전략이 이러한 대안들 속에서 자신의 장소를 찾게 될 것이다. 신자유주의적 질서 이후의 권력형세와 정치·경제적이고 국내적·국제적인 신자유주의 이후 사회의 기능양식의 규칙들, 그리고 인류가 위치할 궤적은 사회를 세계에 현실화시키는 〔유일한 원동력인〕 대중투쟁들에 달려 있다.

참고문헌

• 잡지

Actuel Marx, Presses Universitaires de France.

ContreTemps, Éditions Textuel.

Historical Materialism, Brill Academic Publishers.

Monthly Review, Monthly Review Press.

New Left Review, Verso.

Review of Radical Political Economics, Elsevier Science.

Socialist Register, Monthly Review Press.

• 책과 논문

Actuel Marx(ed.), 1996, *Actualité de l'économie de Marx*, Paris: Presses Universitaires de France.

Aglietta M., 1976, *Régulation et crises du capitalisme*, Paris: Calmann-Lévy. [성낙선 외 옮김, 『자본주의 조절이론』, 한길사, 1994.]

Albritton R., M. Itoh, R. Westra and A. Zuege(eds.), 2001, *Phases of Capitalist Development: Booms, Crises, and Globalization*, London/Basingtoke: Palgrave.

Althusser L., J. Rancière and P. Macherey, 1966, *Lire Le Capital,* vol. I, Paris: Maspero. [김진엽 옮김, 『자본론을 읽는다』, 두레, 1991.]

Amins S., 1996, *Les Défis de la mondialisation*, Paris: L'Harmattan.

Balibar É., 2001, *La Philosophie de Marx*, Paris: La Découverte, Repères. 〔윤소영 옮김, 『마르크스의 철학, 마르크스의 정치』, 문화과학, 1995.〕

Balibar É. and E. Establet, 1966, *Lire Le Capital*, vol. II, Paris: Maspero.

Baran P. and P. Sweezy, 1970, *Le Capitalisme monopoliste. Un essai sur la société industrielle américaine*, Paris: Maspero. 〔최희선 옮김, 『독점자본: 미국의 경제와 사회질서』, 한울, 1996.〕

Berle A. and G. Means, 1932, *The Modern Corporation and Private Property*, London: Macmillan.

Bidet J., 1999, *Théorie générale*, Paris: Presses Universitaires de France.

Bidet J. and E. Kouvélakis, 2001, *Dictionnaire Marx contemporain*, Paris: Presses Universitaires de France.

Bihr A., 1989, *Entre bourgeoisie et prolétariat. L'encadrement capitaliste*, Paris: L'Harmattan.

Boccara P., 1974, *Études sur le capitalisme monopoliste d'État, sa crise et son issue*, Paris: Éditions sociales.

Boyer R., 1986, *La Théorie de la régulation: une analyse critique*, Paris: Agalma-La Découverte. 〔정신동 옮김, 『조절이론: 위기에 도전하는 경제학』, 학민사, 1988.〕

Brenner R., 1998, "The Economics of Global Turbulence", *New Left Review*, vol. 229, pp. 1~264. 〔전용복 외 옮김, 『혼돈의 기원』, 이후, 2001.〕

Burnham J., 1941, *L'Ère des organisateurs*, Paris: Calmann-Lévy(1969).

De Brunhoff S., 1973, *La Monnaie chez Marx*, Paris: Éditions sociales.

Delaunay J. C.(ed.), 1999, *La Mondialisation en question*, Paris: L'Harmattan.

Duménil G., 1975, *La Position de classe des cadres et employés. La fonction capitaliste parcellaire*, Grenoble: Presses Universitaires de Grenoble.

_____ 1978, *Le Concept de loi économique dans Le Capital, avant-propos de L. Althusser*, Paris: Maspero.

_____ 1980, *De la valeur aux prix de production*, Paris: Économica.

Duménil G. and D. Lévy, 1996, *La Dynamique du capital. Un siècle d'économie américaine*, Paris: Presses Universitaires de France.

_____ 1998, *Audelà du capitalisme?*, Paris: Presses Universitaires de France.

_____ 2000, *Crise et sortie de crise. Ordre et désordres néolibéraux*, Paris: Presses Universitaires de France. [이강국 외 옮김, 『자본의 반격: 신자유주의 혁명의 기원』, 필맥, 2006.]

_____ 2002, "The Field of Capital Mobility and the Graviation of Profit Rates (USA 1948~2000)", *Review of Radical Political Economy*, vol. 200, pp. 1~20.

_____ 2003, "Technology and Distribution: Historical Trajectories à la Marx", *Journal of Economic Behavior and Organization*, vol. 52, pp. 201~233.

Durand J.-P., 1995, *La Sociologie de Marx*, Paris: La Découverte, Repéres.

Edsal T. B., 1989, "The Changing Shape of Power: A Realignment in Public Policy", S. Fraser and G. Gerstle(eds.), *The Rise and Fall of the New Deal Order, 1930~1980*, Princeton: Princeton University Press, pp. 269~293.

Fergusson T., 1995, *Golden Rule. The Investment Theory of Party Competition and the Logic of Money-Driven Political Systems*, Chicago: The University of Chicago.

Foley D., 1986, *Understanding Capital, Marx's Economic Theory*, Cambridge, Mass./London: Harvard University Press.

Fraser S. and G. Gerstle(eds.), 1989, *The Rise and Fall of the New Deal Order, 1930~1980*, Princeton: Princeton University Press.

Freeman A. and G. Carchedi(eds.), 1996, *Marx and Non-Equilibrium Economics*, Aldershot: Edward Elgar.

Gordon R. J., 1986, *The American Business Cycle, Continuity and Change*, Chicago/London: The University of Chicago Press.

Greider W., 1987, *Secrets of the Temple: How the Federal Reserve Runs the Country*, New York: Simon and Schuster.

Helleiner E., 1994, *States and the Reemergence of Global Finance. From Bretton Woods to the 1990s*, Ithaca/London: Cornell University Press.

Hilferding R., 1910, *Le Capital financier. Étude sur le dévelopment récent du capitalisme*, Paris: Éditions de Minuit(1970). [김수행 외 옮김, 『금융자본』, 새날, 1994.]

Howard M. C. and J. E. King, 1989, 1992, *A History of Marxian Economics*, vol. I, II, Princeton: Princeton University Press.

Husson M., 1996, *Misère du capital. Une critique du néolibéralisme*, Paris: Syros.

Joshua I., 1988, *La Face cachée du Moyen Âge*, Paris: La Brèche.

Jorland G., 1995, *Les Paradoxes du capital*, Paris: Odile Jacob.

Labica, G. and G. Bensussan, 1985, *Dictionnaire critique du marxisme*, Paris: Presses Universitaires de France.

Lavoie M., 1992, *Foundations of Post-Keynesian Economic Analysis*, Aldershot: Edward Elgar.

Lenin V., 1916, *L'impérialisme, stade suprême du capitalisme, Œuvres,* vol. 22, Paris: Éditions sociales(1977), pp. 201~327. 〔남상일 옮김, 『제국주의론』, 백산서당, 1986.〕

Lipietz A., 1979, *Crise et inflation: pourquoi?*, Paris: Maspero.

Mandel E., 1997, *Le Troisième Âge du capitalisme*, Paris: Les Éditions de la Passion.

_____ 1999, *Les Ondes longues du développement capitaliste. Une interprétation marxiste*, Paris: Éditions Page deux.

Marx K., 1852, *Le 18 Brumaire de Louis Bonaparte, Œuvres IV, Politique I*, La Pléiade, Paris: Gallimard(1994), pp. 431~544. 〔임지현 외 옮김, 1991, 『프랑스혁명사 3부작』, 소나무.〕

_____ 1862, *Théories sur la plus-value*, vols I, II, III, Paris: Éditions sociales (1974~76).

_____ 1867, 1885, 1894, *Le Capital*, vols I, II, III, Paris: Éditions sociales, (1960~68). 〔강신준 옮김, 『자본』 I권, 길, 2008 ; 김수행 옮김, 『자본론』 II · III권, 비봉출판사, 2004.〕

_____ 1871, *La Guerre civile en France 1871. Adresse du conseil général de l'Association internationale des travailleurs*, Paris: Éditions sociales(1963). 〔안효상 옮김, 『프랑스 내전』, 박종철출판사, 2003.〕

Marx K. and F. Engels, 1848, *Le Manifeste du parti communiste*(1963), *Œuvres, Économie I*, La Pléiade, Paris: Gallimard, pp. 157~195. 〔김태호 옮김, 『공산

주의 선언』, 박종철출판사, 1998.]

Moseley F. and E. Wolff(eds.), 1992, *International Perspectives on Profitability and Accumulation*, Aldershot: Edward Elgar.

Ollman B., 1993, *Dialectical investigation*, New York: Routledge.

Pouch T., 2001, *Les Économistes français et le marxisme. Apogée et déclin d'un discours critique(1950~2000)*, Rennes: Presses Universitaires de Rennes.

Poulantzas N., 1974, *Les Classes sociales dans le capitalisme d'aujourd'hui*, Paris: Seuil.

Roemer J. E., 1981, *Analytical Foundations of Marxian Economic Theory*, Cambridge, UK: Cambridge University Press.

Salama P. and Tran Hai H., 1992, *Introduction à l'économie de Marx*, Paris: La Découverte, Repères.

Séminaire Marxiste, 2001a, *Une nouvelle phase du capitalisme?*, Paris: Syllepse.

_____ 2001b, *Bourgeoisie : état d'une classe dominante*, Paris: Syllepse.

_____ 2001c, *Crises structurelles et financières du capitalisme au XXe siècle*, Paris: Syllepse.

Shaikh A. and E. A. Tonak, 1994, *Measuring the Wealth of Nations*, Cambridge, UK: Cambridge University Press.

Texier J., 1998, *Révolution et démocratie chez Marx et Engels*, Paris: Presses Universitaires de France.

Toussaint E., 1998, *La Bourse ou la vie, la finance contre les peuples*, Brussels: CADTM.

_____ 2001c, "Crise de la dette du tiers monde: mise en perspective", *Séminaire Marxiste*, 2001c, pp. 75~96.

Van Der Pijl K., 1984, *The Making of an Atlantic Ruling Class*, London/New York: Verso.

Wallerstein I., 1992, *Le Système du monde, du XVe siècle à nos jours*, Paris: Flammarion. [김대륜 외 옮김, 『근대세계체제』, 까치글방, 1999.]

Weinstein J., 1968, *The Corporate Ideal in the Liberal State, 1900~1918*, Boston: Beacon Press.

Wolff E., 1996, *Top Heavy*, New York: The New Press.

Zeitlin M., 1989, *The Large Corporation and Contemporary Classes*, New Brunswick: Rutgers University Press.

● 자료 출처

BEA(미 상무부 경제분석국), www.bea.gov/

FRB(미 연방준비은행), www.federalreserve.gov/releases/z1/

Gordon R. J., 1986, *The American Business Cycle, Continuity and Change*, Chicago, London: The University of Chicago Press.

IBRD(세계은행), *Global Development Finance*, 1998.

INSEE(프랑스 국립경제통계연구소), www.insee.fr/

OECD, *Statistical Compendium*, 2001.

● 지은이 홈페이지

www.jourdan.ens.fr/levy/

옮긴이 해제

1. 경제학 비판이라는 대륙

이 책의 저자인 제라르 뒤메닐과 도미니크 레비는 두 가지 용어를 중심으로 문제들을 서술해 나간다. 현대 자본주의와 마르크스주의 경제학이라는 두 축인데, 좀더 구체적으로 말하자면 유일한 분석의 기준인 마르크스주의 경제학을 중심으로 현대 자본주의라는 대상을 분석하고 해석하는 것이 이 책의 목적이다. 저자들이 비록 마르크스주의 경제학이라는 말을 쓰고 있지만, 독자들은 그들이 쓰고 있는 마르크스주의 경제학의 의미가 '마르크스주의의 도움을 얻어 경제학을 완성'한다는 것이 아님을 쉽게 깨달을 수 있을 것이다.

사실 경제학은 그 고유의 대상을 가지고 있다. 경제학은 생산 및 소비, 그리고 분배를 다루면서 그에 관련한 법칙들의 결정, 그리고 그 현상에 대한 지식을 목적으로 하는 하나의 과학이다.[1] 또한 경제학은 '선택의 학문'으로 욕구하는 주체와 희소한 자원이라는 자연과 주체의 비

---

[1] L. Althusser and É. Balibar, *Reading Capital*, trans. B. Brewster, London: Verso, 1970, p. 160.

대칭성을 상정한다. 그런데 이러한 경제학의 자연과 주체의 비대칭성에 비해 주체들은 각기 대칭적인 형태, 즉 거울상으로 나타난다. 무한한 욕망의 주체들과 한정된 자원이라는 인류학적 가정이 지배한다. 이러한 비대칭적인 공간이 해결되는 장소는 '시장'이라고 할 수 있는데, 시장의 자율적 조정은 개인의 합리적 선택과정과 일치함과 동시에 그 선택의 최적점을 보장하는 메커니즘이다. 물론 이는 경제학의 가장 추상적 정의라고 말할 수 있다. 이와는 다른 종류의 경제학도 존재하고 있다. 이른바 '비판(평)적 경제학'이라고 불리는 일련의 조류이다. 여기에서 가장 대표적인 것이 케인스주의적 전통(이른바 포스트케인스주의)과 제도주의적 전통(베블런 등이 대표하는)이다. 이들은 시장 메커니즘 이외의 제도·관습의 존재를 강조하고, 거시경제적 불안정성과 미시경제적 (정보) 비대칭성 등을 강조한다. 앞서 이들이 이야기하고 있는 요인들은 모두 독립적이라기보다는 상호관계를 맺고 있는 것들이다. 여기서도 대체로 시장의 전제이자 결론인 경제주체의 합리성이라는 인류학적 가정은 그대로 존속한다. 다만 그 외의 여분이 존재할 수 있다는 것을 인정하거나 또는 정책으로 그것을 포함시킬 때 시장 메커니즘은 올바로 작동할 수 있다. 이러한 의미에서 담론 전체는 경제학에 대해 비판하고 비평하기도 하지만, 여전히 경제학으로 복귀하는 경향을 갖고 있다.

　　마르크스의 '경제학 비판'은 이러한 비판적 경제학과도 궤를 달리하는 종별성을 갖는다. 마르크스의 경제학 비판은 경제학을 완성하는 것이 아니라 '해체'하는 것이며, 그를 통해 새로운 인식을 획득하는 것이다. 마르크스의 경제학 비판에도 동일하게 사적 개인들의 교환의 장이 도입되기는 하지만, 그것은 인류학적으로 주어진 형태의 사적 개인들의 이상화된 공간이라 볼 수 없다. 사적 개인들의 욕구와 합리성은 결과이지 원인이 아니다. 특히 마르크스는 '생산양식' 이라는 개념을 통해 자연과 인간의 관계를 통합하며, 결국 개인들의 욕구와 합리성은 '생산양식' 의 결과로 도출되는 것이다. 마르크스는 '생산양식' 개념을 통해 자본주의 내에 존재하는 집단적 착취의 추적을 가능케 하였고, 이를 통해 생산양식 내에 존재하는 개인들 간의 비대칭성, 즉 계급관계를 묘사할 수 있었다. 마르크스에게 경제학의 고유한 '경제적 인간' 의 상을 해체한다는 것은 경제학에 주어진 순진한 형태의 인류학적 이데올로기이자 주체 이데올로기를 비판한다는 것이었고, 이는 이 주체들의 역사를 설명하는 역사 이데올로기를 비판하는 것이었다. 다시 말하자면 마르크스의 '경제학 비판' 은 이러한 비판들을 통해 더 이상 경제학의 형상을 갖지 않고, 역사과학이라는 긍정적(positive) 형태로 전화한다.

이 책은 엄밀한 의미에서 경제학의 분야인 소득과 분배, 경쟁과정과 같은 주제들을 마르크스주의적 분석틀을 통해 정교화함과 동시에 사회와 역사에 대한 이론, 또는 역사유물론을 통해서 경제적 기초에 대한 분석과 역사에 대한 분석을 결합시킨다. 즉 저자들은 분과학문적 의미의 경제학자로서 경제학적 주제들을 마르크스주의적으로 정교화하고, 동시에 그것으로만 한정될 수 없는 마르크스주의 이론의 역사과학적 측면을 포괄하려고 노력한다. 저자들이 말하는 바와 같이 사실 마르크스주의적 분석틀에서 경제학적 정교화는 역사유물론의 주장과 결합될 때만 의미를 가질 수 있는 것이다.

이 책은 여러 가지 의미에서 혁신적인 형태를 갖고 있다. 독자들도 확인할 수 있듯이 본서는 대부분의 마르크스 경제이론에 대한 소개서들이 마르크스의 주저인 『자본』의 순서를 그대로 답습하고 있는 것과는 다르다. 저자들이 갖고 있는 가치론의 지위에 대한 독특한 관점에 주목해 볼 수 있다. 그들에게 가치(value)라는 개념은 가격(price) 및 수량(quantity)과는 다른 제3의 개념(le troisième concept)이다. 가치는 자본주의적 착취를 분석하는 데 중요한 시발점이 될 수 있는 개념인데, 여기서 말하는 자본주의적 착취는 집단적 성격을 갖는다. 만약 착취를 노동자가 자신의 생산물 중 일부를 받거나 생산물 가격과 투입물의 차액보다 적게 받는 것이라고 말한다면, 사실 가격과 수량이라는 두 가지 개념만으로 이를 설명하기에 충분하다. 그러나 마르크스가 말하는 착취는 자본주의 내에서 발생하는 집단적 성격을 갖는 착취로서 부문과 기업에서 만들어지지만 시장의 가격형성 양식을 통해 자본가가 잉여를 분할하는 과정에서 발생한다. 가치는 이러한 과정에서 노동이라는 사회적 실체를 확인하기 위해 사용되는 개념이다. 이는 국내에도 소개된 이들의 작업 중 일부인 노동가치론의 새 해석(new interpretation)에 입각한 분석이다.[2] 하지만 앞서 말한 바와 같이 이 책에서 저자들의 노동가치론에 대한 해석은 마르크스의 개념 사용의 엄밀성에 관한 〈보론 1〉(19쪽)과 역사유물론을 통해 자본주의적 착취의 집단적 성격을 증명하는 과정에서 잠시 도입될 뿐이다.

2. 경쟁이론과 이윤율의 저하

미국 경제의 이윤율 저하에 대한 저자들의 통계적 작업과 그 역사적 해석은 국내에도 이미 다양한 형태로 소개되어 왔다. 그런데 저자들의 이

---

2) 이러한 논의에 대한 더욱 자세한 설명과 『자본』에 대한 저자들의 더욱 구체적인 설명을 확인하기 위해서는 G. Duménil, *De la valeur aux prix de production*, Paris: Economica, 1980과 G. Duménil and D. Lévy, "Des concepts et méchanismes pour comprendre le capitalisme", 2004[www.cepremap.ens.fr/levy]를 보라.

러한 작업을 올바로 이해하기 위해서라도 하나의 짝으로서 경쟁이론과 위기론을 통합적으로 소개할 필요가 있다. 특히 경제학이라는 한정적 영역에서 저자들의 주된 업적은 바로 고전파-마르크스주의적 의미에서 경쟁이론과 위기론을 분석하고 정교화했다는 데 있다.

저자들의 경쟁이론은 『자본』에 등장하는 부문 간 자본이동을 통한 생산가격의 형성이라는 주제와 긴밀히 닿아 있다. 저자들은 이 이론을 현대적으로 정교화시켜 이른바 '불균형 미시경제학'이라는 이름으로 부르고 있다. 마르크스와 스미스, 리카도 등의 경제학자는 고유하게 자본주의적 경쟁법칙의 부과에 따른 다양한 부문의 이윤율 균등화 경향을 이야기하였다. 이것이 고전파와 마르크스가 묘사한 장기균형으로의 **조정과정**이다. 그러나 이러한 조정과정은 균형으로의 **수렴**(convergence)을 의미하는 것은 아니다. 경제는 이러한 장기균형 주위에서 과도하게 벗어나지 않으면서, 동시에 균형과 정확히 일치하지 않는 **구심운동**(gravitation)을 한다. 이러한 고전파-마르크스주의적 경제학의 세계는 복잡계 체계(complex system)로 표현될 수밖에 없다. 체계는 다양한 방식으로 그 구성요소를 배열하고, 환경의 자극 및 그것의 발전과 더불어 끊임없이 변화하며 인식 가능하고 안정적인 양상으로 각 요소를 배치하려는 경향을 갖지만, 이러한 안정적이며 자기 충족적인 상태를 항상적으로 벗어나려는 경향도 존재한다. 즉 **복잡**하고, **적응적**(adaptive)이며, **자기 조직적**(self-organizing)이지만 **불균형적**(non equilibrium) 체계이다.[3] 이러한 체계는 비선형적 동역학이라는 수학적 방식으로 표현될 수

---

3) 복잡계 과학(complex science)의 성과를 바탕으로 고전파-마르크스주의적 체계를 재해석하려는 구체적인 시도에 대해서는 D. Foley, *Unholy Trinity: Labor, Capital, and Land in the New Economy*, New York: Routeldge, 2003을 참조하라.

있다. 이러한 과정은 모델화 과정 속에서 표현되고, 일관성을 확보해야 하는 것이긴 하지만 저자들이 말하는 대로 수학적 재정식화(reformulation)만이 특권화될 필요는 없다. 수학적 재정식화 이전에 필요한 것은 새로운 사실을 해석해 내기 위한 개념들의 재배치이다.

다시 말하자면 저자들의 해석을 통해 부각되는 것은 세련된 수학적 도구의 사용(마르크스 경제학 비판이 이것을 회피해야만 한다는 근거는 어디에서도 찾을 수 없다)을 통한 논리적 일관성의 가시화일 뿐만 아니라, 새로운 사실을 해석할 수 있는 근거의 출현이다. 저자들은 자신들의 틀을 통해 자본주의 경제가 갖고 있는 항상적인 조정과정이 비례적인 측면에서 안정성을 가져올 수 있지만(즉 개별 기업의 경우 경기상황에 따라 단기적으로는 수량을 조절하거나 장기적으로 자본을 이동시키고, 가격을 수정한다), 거시적 차원인 규모의 관점에서는 불안정성을 야기한다는 점을 분명히 한다. 다시 말하자면, 개별 또는 부문적인 형태의 합리성의 추구가 누적적 양상으로 나타나는 거시경제적 불안정성이 존재한다.

불균형은 경제가 직면하고 있는 환경의 일반적 측면을 이야기하는 것이고, 경제는 이러한 불균형에 직면하여 항상적인 조정과정에 있으며 그것은 꽤나 잘 작동한다. 그러나 경제 전체의 일반적 활동 수준에서 이러한 조정과정은 순환적인 형태의 변동을 나타낸다. 자본주의는 항상적으로 불안정하고 취약한 체계로 묘사될 필요가 없다. 그것은 **비례에서는 안정적이지만, 규모에서는 불안정하다**. 현실적으로 금융 메커니즘과 민간 및 공적 차원의 안정화 장치의 지속적인 진화가 이러한 과정 속에 포함되어야 한다. 금융 메커니즘은 안정성과 불안정성을 야기하는 결정적인 양가적 함의를 갖고 있다. 금융의 매개를 통해 개별 또는 부문은 경기상황에 신속히 대응할 수 있지만 동시에 이러한 대응은 과도한 경제호황과 심각한 경제침체를 야기할 수 있다. 이에 대응하는 공적 안정화 장치 또한 진화하지만, 자본주의의 경제순환은 끊임없이 나타나고 있다.

이러한 이론화 작업은 마르크스주의적 의미에서 위기를 설명하는 또 다른 이론들과의 관계를 확정한다. 경쟁하고 있는 마르크스주의적 위기이론으로 우리는 부문 간 불비례(또는 불균형)를 원인으로 삼는 불비례설과 수요의 만성적 정체를 이야기하는 과소소비설을 들 수 있다. 불비례는 자본주의 경제 하에 존재하는 일반적인 경제 환경인 불균형 상태를 묘사하며 그 이상이 아니다. 또한 과소소비설은 수요의 불안정성을 이야기하는 것에 그친다. 즉 자본주의 사회에서 과소수요뿐만 아니라 과잉수요 또한 문제가 된다. 이러한 조정 가능한 경제순환과 구별되는 마르크스주의적 위기이론은 바로 최장기(very long term)에서 이윤율의 경향적 저하이다.

이윤율의 저하 경향은 최장기에 관한 이론으로서 역사적 동역학이라 부를 수 있다. 이는 변수들 간의 상호관계로 구체화된다. 특히 문제는 소득과 기술의 역사적 동역학이다. 그 중에서 저자들은 마르크스적인 편향적 기술변화의 원인이 되는 혁신의 곤란을 동반한 기술변화의 동역학을 강조한다. 혁신의 곤란은 노동과 자본을 동시에 절약하는 기술을 발견하기 점점 어려워짐을 의미하며, 마르크스적 용어로 기계화의 진전을 나타내는 기술변화의 편향성을 표현한다.

여기서 저자들은 마르크스주의적 경제분석에 있어 **이윤율의 중심성**을 확인하는데, 이윤율은 자본주의적 착취의 집단적 성격을 보여 주는 중요한 매개고리일 뿐만 아니라 역사적 동역학에 있어서도 중심에 있다. 역사적 동역학에서 이윤율은 자본축적에 영향을 미치고, 자본축적은 생산과 고용을 결정하며, 생산과 고용은 임금률에 영향을 미친다. 전후 30년 동안 지속된 자본주의의 영광의 30년은 조절이론이나 일부 케인스주의자들이 이야기하듯 임금의 성장으로부터 비롯된 것이 아니다. 오히려 이윤율의 증가가 임금성장의 호조건을 창출한다.

최장기에서 이윤율의 저하로 인한 구조적 위기(즉 성장의 둔화와 다양한 형태의 거시경제적 불안정성의 증가)는 자본주의의 소유 및 조직 형태의 전환을 요구한다. 19세기 말 나타났던 자본주의의 구조적 위기는 이러한 전환을 요구하였고, 20세기 미국 경제의 법인혁명, 또는 관리혁명으로 나타났다.

3. 자본-관리주의[4]와 신자유주의

20세기에 미국에서 출현한 거대법인의 등장과 그에 따른 관리조직상의 혁명은 마르크스주의적 의미에서 이윤율의 장기적 저하 경향의 반경향으로 나타났다. 이 과정에서 나타난 소유와 관리의 분리로 인해 자본주의적 소유자들은 금융기관 속에 체현되었고, 광범위한 관리 업무는 관리직들에게 위탁되었다. 여기서 저자들은 '관리직'(cadre)이라는 용어를 민간 관리자는 물론 공공 관리자 모두를 포괄하기 위해서 사용하고 있다.

저자들은 관리주의를 점진적 사회화의 진전에 따라 나타난 자본주의 태내의 포스트자본주의적 생산관계로 표현하면서, 이를 이행기에 나타나는 생산관계들의 접합 또는 잡종형성(hybridation)으로 판단하고

---

4) 일본어판 번역자인 다케나가 스스무는 우리가 '관리주의'로 번역한 'cadrisme'을 '관리직 지배'로 옮기고 있다. 일본어판의 용어 번역에 관한 설명은 竹永進,「訳者おとがき」,『マルクス経済学と現代資本主義』, こぶし書房, 2006을 참고하라.

있는 듯하다. 하지만 이러한 포스트자본주의적 생산관계인 관리주의가 자본주의를 완전히 초월한 것은 아니다. 여전히 자본주의적 사적 소유가 지배적이며, 관리주의는 자본주의 내에서 포섭되어 있다. 물론 사회화의 진전에 따라 자본주의적 사적 소유의 양상은 심각히 수정되었다. 자본가는 기능자본가적 특성을 잃어버린 것은 물론 자신과 자신의 주위에 있는 사람들의 기금을 관리하며 금융(제도 및 기관) 속에서 활동한다. 자본주의적 소유형태가 이러한 사회화된 형태로 전환됨과 동시에 조직형태 또한 사회화된 형태로 전환된다. 자본주의는 거대기업의 발전에 따라서 점점 시장 바깥에서 그리고 사전적으로 조직되는 관계들 속에서 관리된다. 또한 거시경제적 정책과 화폐 메커니즘의 결합된 발전은 점점더 일정하게 집중화된 사회질서를 전제로 하고 있다.

이러한 관리주의의 진전과 더불어 새로운 계급들이 형성된다. 바로 20세기에 등장한 광범위한 중간계급의 출현이다. 이러한 임금소득자 계급의 등장은 자본주의적 계급관계를 더욱 복잡화시켰다. 가치를 생산하는(value creating) 생산적 노동자들의 지위는 변화하지 않았지만, 이윤율을 극대화하는(profit maximizing) 관리 업무에 종사하는 관리직과 사무직들이 대거 등장하였다. 이들을 우리는 중간계급이라고 지칭할 수 있는데, 이들 내부에서의 양극화 또한 뚜렷이 나타난다. 구상과 감독 업무에 종사하는 관리직과 반복적 실행 업무를 하는 사무직이 그것이다. 저자들은 사무직과 노동자들이 피관리자 계층으로 통합된다고 말한다. 따라서 새로운 피지배계급에 대한 착취는 단순히 잉여가치론으로만 설명될 수 있는 성격이 아니다. 자본주의적 착취의 더 집합적인 성격이 강조되어야 한다.

자본주의 내에서 나타난 관리주의는 자본주의(또는 자본주의적 소유자)를 끊임없이 위협하는 성격도 가지고 있다. 그런 이유로 이러한 경향은 계급 간의 타협을 강제하는데, 소유와 관리 사이의 인터페이스가 형성된다. 이러한 인터페이스 내에서 상층 경영자가 소유자들 분파와 서로 협력하고 지배계급으로서 활동하게 된다. 2차 세계대전 이후 나타난 자본-관리주의적 형태는 관리직의 자율성 보장을 중심으로 소유자와의 타협(즉 관리주의적 타협, 또한 일반 이익의 보증자로서 관리자와 대중계급 간의 타협도 포함한다)을 뜻한다면, 신자유주의는 소유자의 우위에서 관리직과의 타협을 의미한다. (저자들이 보기에 케인스주의적 타협보다 더 적절한 용어인) 관리주의적 타협 기간에도 (자본주의적 소유자가 체현된) 금융은 끊임없이 특권을 회복하기 위해 투쟁하였다. 1970년대 구조적 위기를 계기로 관리직의 우위가 갖는 한계가 드러났고, 관리직과 대중계급 간의 타협은 쇠퇴하였다. 신자유주의는 새로운 금융 헤게모니로서 출현하였다. 물론 신자유주의 또한 계급 간 타협에 기초하고 있으며, 중간계급을 금융시장의 확장 과정에서 발생할 수 있는 신자유주의적 번영 속에 통합시킨다.

저자들이 이러한 관리주의적 틀을 자본주의의 대안으로 생각하고 있는 것 같지는 않다. 관리주의는 여전히 자본주의와 결합되어 작동하고 있으며, 더구나 신자유주의의 등장과 함께 그 자신의 과거와 단절되었다. 관리주의적 사회가 자본주의적이지 않다고 말한다고 해서 그것이 계급 없는 사회를 지칭하거나 사회주의를 의미하는 것은 아니라고 말한다. 다만 이 책에서는 대중투쟁의 진전을 통해 이러한 관리직 지배의 사회를 다른 단계로 도약시키거나 넘어서게 할 것인지에 대해서는 다루지 않으며, 다만 자본주의가 파국과 함께 다른 생산양식으로의 이행한 것이 아니라 점진적 사회를 통해 그 모습을 바꾸어 왔다는 점을 강조하고,

그러한 변용의 문제를 다루는 것이 문제라고 이야기한다. 또한 그러한 변용은 현재에도 진행 중이다.

4. 대안 마르크스주의(Altermarxisme)와 신자유주의의 위기

이 책 이후 저자들의 작업은 제라르 뒤메닐이 프랑스의 철학자인 자크 비데와 공동작업한 『대안 마르크스주의』[5]와 하버드 대학교 출판부에서 올해 출간 예정인 저자들의 공동작업 『신자유주의의 위기』(The Crisis of Neoliberalism)로 이어진다. 여기에서는 이러한 작업을 축약하여 『르몽드 디플로마티크』에 발표한 두 개의 논문을 소개하려고 한다.[6]

먼저 뒤메닐이 비데와 공동작업하여 내놓은 『대안 마르크스주의』는 서로 다른 영역에서 활동하던 두 연구자가 독립적으로 진행해 오던 마르크스주의 연구가 어떤 방식으로 수렴됐는지 파악할 수 있게 해줌과 동시에 두 저자가 전망하는 마르크스주의의 미래를 엿볼 수 있게 한다. 하지만 두 저자의 논의 내용이 국내에는 극소수만 소개되어 있는 관계로 독자들이 전체적인 상을 파악하고 이해하기에는 매우 어려울 것으로 생각된다.

이들은 마르크스의 분석을 중심축에 놓으면서도 다음과 같은 또 다른 해석을 시도한다. 그들에게 이러한 해석은 신자유주의 시대의 좌파

---

5) J. Bidet and G. Duménil, *Altermarxisme: Un autre marxisme pour un autre monde*, Paris: PUF, 2005.

6) J. Bidet and G. Duménil, "Un autre marxisme pour un autre monde", *Le monde diplomatique*, Octobre 2007 과 G. Duménil and D. Lévy, "Une trajectoire financière insoutenable", *Le monde diplomatique*, Août 2008. 비데와 뒤메닐의 글은 한국어판 『르몽드 디플로마티크』 14호에서 볼 수 있고, 뒤메닐과 레비의 2008년도 글은 '진보저널 읽기모임' 사이트(http://www.jinbojournal.net)에서 볼 수 있다. 그러나 『르몽드 디플로마티크』에 번역된 글은 내용을 알아볼 수 없게 훼손되어 있어 독자들이 참고하기에 적당하지 않다. 그리고 진보저널 읽기모임의 글은 영어판 『르몽드 디플로마티크』의 글을 번역한 것이다.

의 쇠퇴를 곱씹으며, 한발 더 전진하기 위한 출발점으로 자리매김한다. 즉 좌파가 자기 자신의 고유한 역사를 해석하는 데 있어서 결핍되었던 것은 과연 무엇인가라는 질문이다. 마르크스적 분석으로부터 우리가 얻을 수 있었던 것은 자본에 대항하는 노동이라는 두 개의 진영으로의 분리이다. 하지만 근대 사회는 하나가 아니라 두 개의 사회적 지배계급으로 구성되어 있다. '자본가들' 이외에 민간과 공적 영역의 관리자, 조직자들의 세계, 즉 모든 영역의 '관리직과 전문가'(cadres-et-compétents)들이다. 결국 기초적인 대중계급(classes fondamentales populaires)은 이들과 직면하고 있으며, 결합되어 있기는 하지만 적대적(antagonique)이다. 현대적인 계급투쟁을 이해하기 위해서는 그것이 2개의 계급이 벌이는 투쟁이 아니라 3개의 계급이 벌이는 투쟁이라는 점을 인식하는 데서 출발해야 한다고 비데와 뒤메닐은 말한다.

마르크스는 (이전 사회처럼 신분과 같은 자연적 우위에 의해 계급구조가 형성되지 않고) 시장경제에 의해 모든 사람의 자유와 평등이 확립된다고 보았다. 하지만 이 체계는 노동자 자신이 상품이 되는 조건에서만 실현된다. 시장경제는 그 자체로 계급관계는 아니지만 **계급관계의 한 요소**가 된다. 또한 그는 현대 기업의 태내 속에서 또 다른 합리적 원칙이 출현한다고 보았다. 더 이상 생산이 사후적으로 결정되는 것이 아니라 사전적인 균형을 모색하는 조직이 시장을 대체하게 되는 것이다. 마르크스는 혁명을 통해 자유롭고 평등한 노동자들 사이의 협의**조직**(노동자연합)이 포스트상품사회를 개시할 것이라 보았다.

하지만 비데와 뒤메닐이 보기에 조직도 시장과 마찬가지로 계급적 요소이다. 계급지배는 자본주의적 소유권의 행사와 문화적 · 행정적 · 경제적 조직을 확보한 '전문가들'을 통해 행사된다. 이러한 이유로 고전적 마르크스주의는 대중계급과 관리직-전문가 계층 사이의 전술적 배치의 담론으로 등장하였다. 그러기에 '현실 사회주의'에서 모든 권력은 '조직자'로 집중되었다. 사실상 이것은 현대 자본주의의 운명과 평행하는 사회주의의 운명을 이야기하는 것이다. 전후부터 지속된 자본-관리주의 또는 (기초계급과의 동맹을 통해) 관리직으로 권력을 집중시키는 법인혁명과 프롤레타리아 혁명이 서로 양립하게 된 것이다.

1970년대 이후 신자유주의와 그 세계화가 부상하는 과정에서 관리직은 금융의 수중에 들어가게 되었다. 기초계급과 관리직의 동맹을 가능하게 했던 조건들이 사라지게 되었다. 이제 문제는 어떻게 기초적 대중계급이 정치적 주도권을 되찾을 것이며, 3개의 계급이 벌이는 계급투쟁을 정치적 공간에서 양자적인(좌파-우파) 형태로 돌려 놓을 수 있는가에 대한 것이 되었다. 단결을 필요로 하는 기초 대중계급들의 분열이 가장 큰 문제이다. 소유자 우파는 자영업자들 및 취약한 임노동계층을 포섭하고, '조직자들과 전문가들'의 좌파는 공공노동자들이나 자신의 능력을 통해 사회적 지위를 상승시키려는 노동자들을 포섭한다.

'당'이라는 정치적 형태나 생산수단의 공유와 소득의 적절한 분배만이 문제가 아니고 양성(sexes), 생태, 노동, 보건, 교육, 연구, 도시화 등과 같은 공통의 삶의 조건이 문제인 것이다. 자본주의에 대항한 투쟁은 항상 사회적 삶의 생산 전반에 걸친 실존의 구체적 조건에 대한 투쟁인 것이다. 자본주의적 권력에 대항할 수 있는 거대한 좌파를 출현시키는 운동들과 정당들 사이의 정치·도덕·지적인 합의 및 상호의존이 자본주의의 새로운 공격과 대중투쟁의 성과를 우회시키려는 엘리트들의 성향이라는 두 개의 전선에서 전투를 가능하게 할 것이라고 뒤메닐과 비데는 이야기한다.

2007년부터 시작된 전 세계적 금융위기는 일차적으로 미국 경제의 위기이다.[7] 이 미국 경제의 위기는 근 30년 동안 진행되어 온 신자유주의의 위기라고 할 수 있지만, 이 위기를 해결하는 방식은 매우 제한적일 것이다. 거대한 경상수지 적자를 통해 세계 수요를 지탱하면서 세계 자본주의와 공생하고 있던 미국 경제의 힘은 역시나 달러와 미국 금융시장의 힘에 의존한 것이었다. 현재의 위기는 미국 경제의 재정적자 수준을 더욱 확대할 것이고, 미국 경제의 저축률이 회복되지 않는 한 더 큰 경상수지 적자로 이어질 것이다. 미국 경제는 더욱 세계적 금융시장과 그 혁신에 의존할 수밖에 없고, 일시적인 형태의 규제나 은밀한 형태의 조치만이 이루어질 것이다.

이러한 상황에서 신자유주의 몰락의 징조는 희망의 도래와는 상관이 없다. 오히려 민족주의와 분리주의 등을 자극할 것이다. 이러한 상황의 한가운데서 마르크스주의는 고유의 국제주의적 관점과 성, 인종, 계급을 연결시키는 더욱 일반화된 틀에 대한 요청을 받고 있다. 이 책의 저자들과 함께 우리는 이러한 틀을 구성하는 작업에 함께 참여하여야 하며, 동시에 이러한 작업은 도처에서 분출되고 있는 다양한 양상의 투쟁들과 해후하여야만 한다.

이 책은 프랑스의 Éditions La Découverte의 문고판 시리즈인 Repéres로 출간된 제라르 뒤메닐과 도미니크 레비의 *Économie marxiste du capitalisme*(2003)을 완역한 것이다. 또한 다케나가 스스

---

7) 미국 경제의 위기와 전 세계적 경제위기에 대한 이 책의 저자들의 분석과 전망은 G. Duménil and D. Lévy, "Une trajectoire financière insoutenable", *Le monde diplomatique*, Août 2008을 참고하라.

무가 옮긴 일본어판 『ヌルクス経済学と現代資本主義』도 많이 참고하였고, 일본어판에 추가되어 있는 일부를 반영하였다. 먼저 거친 초고 형태의 원고를 짧은 시간에 같이 작업하며, 여러 부분을 꼼꼼히 지적하여 준 그린비 출판사의 박순기 씨와 박광수 씨에게 감사의 말씀을 전한다. 하지만 여전히 남아 있을지 모르는 오역 및 오기는 물론 옮긴이의 책임이다. 짧은 원고이긴 하지만 글의 압축성으로 인해 모두들에게 힘든 작업이었을 것이라 생각한다.

그리고 고려대학교 대학원에서 마르크스의 경제학 비판을 중심으로 같이 연구하고 있는 유승익, 김동혁, 김민수, 연제호, 이동학, 정지혜, 그리고 조남운과 이민준에게 감사하고, 중앙대학교의 오형석에게도 감사의 마음을 전한다. 옮긴이 해제에 채워진 대부분의 내용은 모두 그들과 함께 공부한 결과이다. 특히 연제호는 참고문헌을 정리해 주었으며, 이동학은 도표의 내용을 옮기는 데 도움을 주었다. 마지막으로 한국어판 출판에 관심과 애정을 보여 주었고, 개념들에 대한 질문에 일일이 답해 준 제라르 뒤메닐 선생님과 번역과 관련된 문제는 물론이고 저자들과 관련된 쟁점을 지적해 주신 한신대학교 국제경제학과의 윤소영 선생님, 그리고 출판에 도움을 주신 중앙대학교 사회학과의 백승욱 선생님에게 감사드린다.

2009년 4월 30일
과천에서 김덕민

찾아보기